PHILOSOPHIE

Revue fondée en 1984 par Didier Franck et Pierre Guénancia
dirigée par Claude Romano de 1994 à 2003

revue trimestrielle

...-neuvième siècle
présenté par Aurélien Berlan

FLORENT GUÉNARD

Désir d'égalité et envie
Les passions démocratiques

BRUNO BERNARDI

Guerre, État, état de guerre :
quand Schmitt lit Rousseau

GRAHAM PRIEST

La logique du paradoxe
présenté par François Rivenc
traduit par Clément Vidal

NOTE DE LECTURE

Publié avec le concours du Centre national du livre

Abonnement pour un an, quatre livraisons : France : 32 €
Etranger : 39 € Le numéro : 10 €

LES EDITIONS DE MINUIT
7, rue Bernard-Palissy, 75006 Paris

Aurélien Berlan

PRÉSENTATION

LA CRITIQUE CULTURELLE SELON ERNST TROELTSCH

Le texte dont nous proposons la traduction a été publié en 1913 par le théologien, philosophe et sociologue allemand Ernst Troeltsch [1]. *Il s'agit d'extraits d'une analyse du* XIXe *siècle faite du point de vue de « l'histoire des idées » ou, pour reprendre une expression allemande plus pertinente en l'occurrence, de « l'histoire de l'esprit »* (Geistesgeschichte). *Troeltsch est à la recherche de « l'esprit » de ce siècle : si les Lumières constituent « l'esprit » du* XVIIIe *siècle, qu'est-ce qui forme celui du* XIXe *? La tournure « idéaliste » de la prose de Troeltsch ne doit pas leurrer sur la nature de la question qui l'intéresse, ni sur celle des moyens élaborés pour y répondre. L'auteur se demande juste si le* XIXe *siècle a apporté quelque chose de vraiment original sur le plan des idées, ou s'il n'a fait que prolonger les moments précédents dans la « vie de l'esprit ». Et le cas échéant, comment déterminer cet « esprit » porté par le siècle – esprit qui lui donne une identité et une unité « spirituelle » ?*

Dès l'ouverture du texte, et de manière récurrente, Troeltsch polémique contre le matérialisme historique et sa thèse du conditionnement de la « superstructure idéologique » par la « base » socio-économique – on retrouve ces termes dans les parties non traduites du texte. Sans le nommer, il attaque Marx en l'historicisant doublement : d'une part, il retourne l'hypothèse « matérialiste » contre Marx en le présentant, à mots couverts, comme un produit typique de l'esprit du XIXe *siècle – un esprit tellement influencé par les conditions économiques qu'il invite à croire que* toute *culture est déductible de ces conditions ; d'autre part, et en conséquence, cette hypothèse n'est pas* toujours *vraie, même si elle l'est du* XIXe *siècle – et de fait, au-delà*

1. Ernst Troeltsch (1865-1923) fut professeur de théologie systématique à Heidelberg jusqu'à ce que l'Université de Berlin crée pour lui, en 1915, une chaire dont l'intitulé donne la mesure de son envergure intellectuelle : « Philosophie de la culture, de l'histoire, de la société et de la religion, et histoire chrétienne de la religion ». Appartenant à l'école de l'histoire des religions, Troeltsch introduit la méthode historique et sociologique en théologie, tout en cherchant à préserver l'« *a priori* religieux » du relativisme lié à l'historicisme. C'est au « problème de l'historicisme » et de son dépassement qu'il consacrera ses derniers travaux. En français, on peut lire de lui les recueils édités par Jean-Marc Tétaz, *Religion et histoire*, Labor et Fides, Genève 1990, et *Histoire des religions et destin de la théologie, Œuvres III*, Cerf, Paris 1996 (cette édition française des œuvres de Troeltsch est depuis en panne), ainsi que *Protestantisme et modernité,* trad. Marc B. de Launay, Gallimard, Paris 1991 ; et sur lui, cf. Jean Séguy, *Christianisme et société. Introduction à la sociologie de Ernst Troeltsch*, Cerf, Paris 1980 ; Pierre Gisel (éd.), *Histoire et théologie chez Ernst Troeltsch*, Labor et Fides, Genève 1992.

de la polémique, Troeltsch s'inspire bien de cette méthode. Il discute le rapport des idées aux classes sociales, en le nuançant. Surtout, il remplace la « base » marxienne par la notion de « soubassement politique et social » et infléchit ainsi « l'économisme » marxiste en reconnaissant à l'évolution de l'État un rôle semblable à celle des « rapports de production ». Il insiste en outre sur les « interactions » complexes entre ce soubassement et la « vie de l'esprit ». Dans cette relation de reprise critique de Marx par Troeltsch, il est possible de déceler l'influence de son voisin, collègue et ami Max Weber qui ne défendait la fécondité heuristique du « point de vue "matérialiste" » qu'à la condition de ne pas y voir plus, justement, qu'un point de vue *dont « l'unilatéralité intentionnelle » peut être aussi féconde que réductrice s'il est absolutisé en un dogme quasi métaphysique et transformé en une méthode exclusive à la portée universelle*[2].

Comme l'indique le dernier alinéa de l'introduction, Troeltsch répond à la question posée en quatre moments. Il analyse tout d'abord l'influence sur le XIX*e siècle des Lumières et de l'Idéalisme allemand – qui constituent selon lui les deux premières formes prises par « l'esprit moderne » –, une influence particulièrement manifeste au regard du développement des sciences naturelles et historiques (1). Malgré tout, ce ne sont pas tant ces évolutions scientifiques que des bouleversements socio-structurels qui donnent sa marque au siècle : l'avènement conjoint du capitalisme et de l'impérialisme (2). Les réactions qu'ils suscitent conduisent à la formation d'un nouvel esprit, vraiment original par rapport aux précédents, qui se révèle pleinement à la fin du siècle : la « critique culturelle » (3). Enfin, le texte s'achève sur une analyse de l'évolution du christianisme au cours du* XIX*e siècle – une conclusion commandée à la fois par le destinataire du texte, une encyclopédie protestante, et les intérêts personnels d'un théologien de formation (4). En laissant de côté les développements consacrés aux évolutions scientifiques (une partie du premier moment) et religieuses (le quatrième moment), nous n'amputons donc le raisonnement principal d'aucune étape essentielle. Et nous concentrons ainsi l'attention sur ce qui fait l'importance historique de ce texte : l'introduction de la notion de* Kulturkritik.

Cette catégorie historiographique renvoie à un courant de pensée aux contours difficilement saisissables, une mouvance à laquelle sont associés des philosophes aussi divers que Friedrich Nietzsche et Rudolf Eucken, Karl Jaspers et Carl Schmitt, Georg Lukács et Hannah Arendt, Martin Heidegger et Theodor W. Adorno, Theodor Lessing et Herbert Marcuse, Ludwig Klages et Günther Anders, ainsi que des romanciers (Thomas Mann, Hermann Broch), des poètes (Hugo von Hofmannsthal, Stefan

2. Cf. Max Weber, « L'objectivité de la connaissance dans les sciences et la politique sociales » (1904), in *Essais sur la théorie de la science*, trad. J. Freund, Pocket, Paris 1992, notamment p. 142-146.

George), des historiens (Jacob Burckhardt, Johan Huizinga), des sociologues (Georg Simmel et les frères Weber), des psychanalystes (Sigmund Freud, Alexander Mitscherlich), des publicistes nationalistes (Paul de Lagarde, Julius Langbehn), anarchistes (Gustav Landauer) ou républicains (Walter Rathenau). Une telle hétérogénéité a de quoi laisser perplexe, surtout si l'on souligne qu'en outre, cette catégorie est parfois étendue à des discours extérieurs au contexte historique qui se dessine à partir des auteurs susmentionnés – en gros, l'espace culturel germanique de la fin du XIXe *et de la première moitié du* XXe *siècle : le Rousseau des deux* Discours, *le Schiller des* Lettres sur l'éducation esthétique de l'homme, *mais aussi David Thoreau et Léon Tolstoï, ainsi que l'aile « romantico-anarchiste » du mouvement contestataire des années 1960-1970.*

En un sens si large, la notion ne peut désigner guère plus que le partage, en dépit de profondes divergences, d'une sensibilité critique vis-à-vis du « progrès » censé caractériser « la modernité » dans ses divers aspects. Comme le fait remarquer Gilbert Merlio, la Kulturkritik *n'est pas tant une critique de la culture qu'une* critique de la civilisation *(c'est une traduction possible), le plus souvent* au nom de la culture [3]. *C'est que la notion allemande de* Kultur *oscille entre celles, françaises, de « culture » et de « civilisation » – raison pour laquelle j'ai varié la traduction en fonction des contextes. Associée à la* Bildung, *la* Kultur *fait signe vers la (haute) culture en tant qu'ensemble de connaissances générales ; mais la* Kultur *ne désigne pas tant l'appropriation « subjective » de ces connaissances que l'ensemble des œuvres littéraires, artistiques, historiques et philosophiques par le contact desquelles l'homme se cultive – et cette dimension « objective » la rapproche de la notion de civilisation, tout comme son association intime à l'idée de Progrès. C'est en ce dernier sens qu'il faut la prendre dans le composé* Kulturkritik *qui désigne, en substance, une critique du « progrès de la civilisation », du* Kulturfortschritt [4].

Cette critique vise le « Progrès » à la fois comme réalité et comme

3. Gilbert Merlio, « Spengler ou le dernier des *Kulturkritiker* », in Louis Dupeux (éd.), *La « révolution conservatrice » dans l'Allemagne de Weimar*, Kimé, Paris 1992, p. 167.

4. Sur la spécificité de la notion allemande de *Kultur*, cf. Norbert Elias, *La civilisation des mœurs* (1939), trad. P. Kamnitzer, Calmann-Lévy, Paris 1973 : la première partie explique pourquoi la notion de *Kultur* a été valorisée en Allemagne, alors que la France s'est attachée à celle de civilisation. Cf. aussi Georg Bollenbeck, *Bildung und Kultur. Glanz und Elend eines deutschen Deutungsmusters*, Insel Verlag, Frankfurt am Main / Leipzig, 1994. Cet ouvrage montre comment le terme *Kultur* s'inscrit, au XVIIIe siècle, dans le cadre d'une sémantique européenne qui réactive la notion latine de transformation / amélioration d'un donné (que ce soit la terre ou l'âme) en lui donnant une tournure moderne, le terme désignant alors une nouvelle conception de l'Histoire et de la société (p. 68 sq.). En ce sens associé à la philosophie du progrès, il a presque la même extension que le terme *Zivilisation* (p. 93). À la charnière des XVIIIe et XIXe siècles, la sémantique allemande se dissocie de cette tradition européenne poursuivie par les Lumières. Le néo-humanisme et le piétisme lui imprime une voie particulière, qui se caractérise par le thème de la *Kultur* comme « médium de la *Bildung* » (le champ objectif des grandes œuvres culturelles comme moyen de formation de soi au sens du déploiement d'une personnalité propre) et la distinction entre *Kultur* et *Zivilisation*.

discours. C'est une réaction sceptique aux grandes évolutions effectives de « la modernité » : industrialisation, urbanisation, sécularisation, démocratisation, bureaucratisation etc. Et c'est une réplique au discours qui, selon elle, les évaluent de manière unilatéralement positive – le « Progrès » étant avant tout une philosophie de l'Histoire, élaborée dans le sillage des Lumières, qui lit dans l'évolution de l'Humanité depuis le Moyen Âge une amélioration linéaire et continue des conditions de vie grâce au déploiement de la rationalité scientifique. La Kulturkritik se présente alors sous la forme d'un discours s'attaquant aussi bien à la marche de la civilisation industrielle qu'à son « idéologie » progressiste, scientiste et utilitariste – un discours qui oscille entre un pessimisme tragique et la quête d'un renouveau imprégné de Lebensphilosophie (cette « Philosophie de la Vie » que l'on associe en général à la figure de Nietzsche), d'héroïsme moral et de retour à la nature. Loin de considérer le Progrès comme une « réalisation » heureuse de la raison dans l'histoire, il y voit plutôt une « réification » oppressante de l'entendement.

La notion de Kulturkritik a une place paradoxale dans l'histoire des idées en Allemagne : elle est très fréquemment utilisée pour caractériser et classer des auteurs, mais n'est en général ni définie ni élucidée, pas même par ceux qui l'utilisent dans le (sous)-titre de leur ouvrage – en général, des monographies sur tel ou tel auteur, et quelques études comparatives. La plupart des dictionnaires et encyclopédies ne lui accorde pas d'entrée, et seuls quatre essais lui ont été consacrés de manière directe et générale. Ce n'est pas celui de Troeltsch – un texte fondateur, mais resté confidentiel – qui a marqué l'usage actuel, assez péjoratif, mais un essai d'Adorno et un livre de l'historien américain Fritz Stern. Dans « Kulturkritik und Gesellschaft [5] », Adorno attaque durement la Kulturkritik, dénoncée pour son conservatisme et son irrationalisme, tout en reconnaissant que la Théorie critique doit l'intégrer en son sein – et de fait, l'École de Francfort, bien qu'elle se soit toujours démarquée de la Kulturkritik, en est souvent rapprochée en raison de sa critique de l'industrie culturelle, du progrès technique et du positivisme scientifique, notamment depuis La dialectique de la raison [6]. La position de Stern est moins ambivalente : après avoir réduit la Kulturkritik à sa branche ultra-nationaliste, il y dénonce une « pathologie » politiquement dangereuse puisqu'elle constituerait une des sources du nazisme [7]. Très récemment enfin, Georg Bollenbeck a rompu avec ces approches polémiques en soulignant la « dignité cognitive » de la Kulturkritik comme « mode de réflexion de la moder-

---

5. Theodor W. Adorno, « Critique de la culture et société » (1949), in *Prismes. Critique de la culture et société*, trad. G. & R. Rochlitz, Payot, Paris 1986, p. 7-26, notamment p. 18.

6. Cf. Theodor W. Adorno & Max Horkheimer, *La dialectique de la raison* (1944), trad. E. Kaufholz, Gallimard, Paris 1974.

7. Fritz Stern, *Politique et désespoir. Les ressentiments contre la modernité dans l'Allemagne préhitlérienne* (*The Politics of Cultural Despair*, Berkeley 1961), trad. C. Malamoud, Armand Colin, Paris 1990, p. 8 sq.

nité[8] *». Le* Kulturkritiker *se caractérise en effet par la volonté d'*évaluer l'évolution *du monde dans lequel il est pris. Il cherche à déterminer la marque du présent et la direction qu'il prend, et plus précisément à déceler quelles sont les* tendances pathologiques *qui travaillent la « culture » prise en un sens large et englobant – celui qui est suggéré par le premier alinéa de l'essai de Troeltsch. La* Kulturkritik *relève ainsi du genre (périlleux) du diagnostic historique critique.*

Par rapport à ces analyses, celle de Troeltsch présente trois intérêts majeurs : outre celui de lancer la notion de Kulturkritik *– un terme que l'on ne retrouve pas chez les auteurs que Troeltsch, et d'autres après lui, subsument sous cette étiquette –, et de le lancer comme concept* historique *définissant « l'état d'esprit » de la fin du* XIXe *siècle, elle est contemporaine du phénomène originel, et en présente une vue relativement complète et compréhensive.*

On associe en général la Kulturkritik *avec l'histoire de l'Allemagne impériale, fondée en 1871, et plus précisément avec le « tournant du siècle » (1890-1914). C'est en effet à cette époque que le terme apparaît puis passe, sous la plume de Troeltsch, au statut de concept unifiant une diversité de phénomènes apparemment hétérogènes. En 1913, Troeltsch les a encore sous les yeux, tout en disposant déjà d'un certain recul historique. Ainsi peut-il en saisir le caractère « néo-romantique » tout en percevant ce qui la distingue du romantisme originel – avant tout, le refus de sa posture contemplative et narcissique au profit d'une posture plus active, voulant être à la hauteur de son époque. Surtout, Troeltsch écrit avant que n'éclate une guerre qui va bouleverser la vie politique et intellectuelle. La* Kulturkritik, *initialement plutôt « apolitique », se politise et se polarise en une branche marxiste-révolutionnaire (Lukács, Bloch, Benjamin) et une branche nationaliste-réactionnaire (Spengler, Moeller van den Bruck, Jünger, etc.). Connue sous le nom de « révolution conservatrice », cette dernière se situe bien dans la postérité de la* Kulturkritik *d'avant-guerre, mais opère de profonds déplacements par rapport à cette mouvance plutôt hostile à l'État et à l'industrie. Accentuant sa volonté de présence au monde, elle se caractérise finalement par un activisme résolu qui la conduit à approuver avec optimisme la modernité technique, industrielle et étatique*[9]*. Ce sont ces renversements que les analyses de Stern, comme tant d'autres, ont totalement gommés : focalisées sur la question de l'avènement du nazisme, elles induisent un* biais rétrospectif *qui*

8. Georg Bollenbeck, « Kulturkritik : ein unterschätzter Reflexionsmodus der Moderne », *Zeitschrift für Literaturwissenschaft und Linguistik*, n° 137 (2005), p. 41-54. Bollenbeck prend la *Kulturkritik* dans un sens historique large qui va de Rousseau à Virilio en passant, bien sûr, par la *Kulturkritik* au sens strict, celle qui caractérise l'Allemagne de la fin du XIXe siècle et du début du XXe.

9. Lire l'introduction de Louis Dupeux à l'ouvrage qu'il a dirigé, *La « révolution conservatrice », op. cit.*

conduit à réduire la Kulturkritik *à ce qui, en elle, semble expliquer ce qui lui succède. L'analyse de Troeltsch, contemporaine du phénomène, a au contraire le mérite de mettre en avant la* diversité des formes *de la* Kulturkritik.

L'analyse de Troeltsch est en effet, dans sa brièveté et sa densité, une vue d'ensemble assez complète de la Kulturkritik *originelle. Fin connaisseur de son temps, il montre les diverses facettes d'un phénomène complexe sans chercher à le simplifier. Il analyse ainsi la* Kulturkritik *en quatre types ou tendances : « l'individualisme qualitatif*[10] *» de Nietzsche (présenté comme la « figure de proue » de la* Kulturkritik, *mais dont il vaudrait mieux dire qu'il lui a donné ses lettres de noblesse philosophique), le socialisme non marxiste, le modernisme esthétique et le renouveau spirituel. Les éléments qui manquent à la présentation de cette « révolution spirituelle et sociale » sont précisément ceux relatifs à son versant « social » : les mouvements « de jeunesse »* (Jugendbewegung*) et de « réforme de la vie quotidienne » (les* Lebensreformbewegungen *militant pour le naturisme, le végétarisme, la construction de villes-jardins, la pédagogie basée sur l'art, etc.), ainsi que ses fractions anarchiste et ultra-nationaliste.*

Enfin, Troeltsch cherche à comprendre la Kulturkritik *de l'intérieur sans pour autant se départir d'une distance critique : ce n'est en aucun cas une présentation partisane, que ce soit dans un sens du blâme ou de la louange, mais une réflexion lucide qui rend compte des contradictions du phénomène tout en tâchant d'en saisir le sens et l'unité. Cette dernière est à chercher dans trois déterminations : le caractère « radical » d'une critique qui vise à une refonte complète de l'existence humaine, son « élan révolutionnaire » sur le plan intellectuel et surtout son caractère de « réaction » à un siècle que Troeltsch définit littéralement, dans une formule dont j'ai préféré atténuer la lourdeur, comme « démocratico-capitalistico-impérialo-technique ». Autrement dit, la* Kulturkritik *ne saurait être comprise indépendamment de la révolution industrielle dans ses multiples dimensions et implications – cette révolution essentiellement technique et économique étant proprement « révolutionnaire » par ses conséquences sociales, politiques et culturelles allant du développement de l'État bureaucratique à celui de la spécialisation scientifique en passant par l'impérialisme colonial et l'avènement de la « démocratie » au sens de la « société de masse ».*

---

10. Troeltsch emprunte ce concept et cette interprétation de Nietzsche à Georg Simmel. Ce dernier opposait « l'individualisme quantitatif » des Lumières, qui fonde la révolte de l'individu contre la société sur l'idée de liberté et d'égalité universelles, à « l'individualisme qualitatif » du romantisme germanique qui fait valoir, contre l'universalisme abstrait et nivelant du premier, le caractère irréductiblement différent de chaque personne. Cf. Georg Simmel, « L'individu et la société dans certaines conceptions de l'existence du XVIIIe et XIXe siècle », in *Sociologie et épistémologie*, trad. L. Gasparini, PUF, Paris 1981, p. 137-160 ; cf. aussi *Philosophie de la modernité*, t. I : *La femme, la ville, l'individualisme*, trad. J.-L. Vieillard-Baron, Payot, Paris 1989, p. 281-303.

Si Troeltsch a cette attitude compréhensive, c'est qu'il n'est pas étranger à certains motifs de la Kulturkritik *: il est sensible à la crise culturelle liée à la sécularisation – et se sent sans doute proche de la quatrième branche qu'il décrit, car lui-même adhérait à un « christianisme émancipé des dogmes et des Églises » – ainsi qu'aux dangers liés au développement du capitalisme industriel, notamment en ce qui concerne l'avenir de la liberté individuelle. En cela, il préfigure certains thèmes de l'École de Francfort qui développera, derrière l'idée de « fin de l'individu », la dialectique esquissée par Troeltsch entre capitalisme et individualisme, le premier se nourrissant du second au point de finir par le dévorer. En outre, Troeltsch a lui-même défini le point de départ de son itinéraire intellectuel à l'enseigne d'une « fin des Lumières » – ce qui doit être entendu moins comme un abandon que comme une volonté de dépassement et de renouvellement* [11]*. À l'aune du concept de « critique culturelle » qu'il met en place à la fin de son essai, il ne fait guère de doute que l'analyse que cet essai propose du capitalisme et de l'impérialisme en relève bien – et le même texte nous fournit à la fois une* présentation générale *de la critique culturelle, et un* exemple *de critique culturelle qui souligne les menaces que la dynamique capitaliste fait planer sur le monde moderne.*

Si j'ai décidé de traduire Kulturkritik *par « critique culturelle », c'est en référence à la « critique sociale », et afin de souligner ce qui l'en distingue. La* Kulturkritik *est bien une réaction à la révolution industrielle qui a lieu en Allemagne, dans la deuxième moitié du* XIXe *siècle, de manière particulièrement tardive et brutale, et donc une réaction à l'avènement du capitalisme – cette « structure socio-économique » qui, comme le note Troeltsch, se caractérise par sa dynamique* expansive *et peut donc tout aussi bien être définie comme une nouvelle « forme de vie », autrement dit comme une nouvelle « culture ». En effet, le mode de production basé sur la grande entreprise bouleverse l'ensemble des manières de vivre et des sphères d'activité – un bouleversement « pathologique » que Troeltsch évoque en termes d'« aliénation », d'« intellectualisation » et de « mécanisation de la vie ».*

Cette critique de l'ère du capitalisme, on le voit, ne se fait pas du point de vue que l'on associe en général à celui de la « critique sociale » : la dénonciation des injustices, de la misère et de l'exploitation dont les ouvriers et les plus mal lotis font les frais. C'est une critique du capitalisme dans laquelle la question des inégalités n'est pas centrale, voire même est carrément oblitérée – une critique dans laquelle ce n'est pas la « question sociale », celle du paupérisme, qui prime, mais ce que certains appellent

11. Cf. Ernst Troeltsch, « Meine Bücher » (un essai d'autobiographie intellectuelle) in *Gesammelte Schriften*, vol. IV : *Aufsätze zur Geistesgeschichte und Religionssoziologie*, Hans Baron (éd.), J. C. B. Mohr, Tübingen 1925, p. 8 ; cf. Pierre Gisel, « Ernst Troeltsch : un dépassement des Lumières », *Archives de sciences sociales des religions*, n° 89 (janvier-mars 1995), p. 83-94.

*à l'époque la « question culturelle » (*Kulturfrage*), celle des implications sur les formes de vie et, par conséquent, sur l'humanité de l'homme, du changement des conditions d'existence provoqué par la révolution industrielle. La critique culturelle constitue une deuxième modalité de la critique du capitalisme et évoque en ce sens la « critique artiste », basée sur l'aspiration à l'autonomie personnelle, que Luc Boltanski et Ève Chiapello ont récemment distinguée de la critique sociale*[12] *– la différence étant que ce qui semble importer dans la* Kulturkritik *du tournant du siècle, c'est la manière dont le capitalisme « cultive » un nouveau type d'humanité en favorisant le développement de certaines qualités comme l'esprit de calcul, de travail et de discipline*[13].

Le décalage entre la critique sociale et la critique culturelle a diverses dimensions. La Kulturkritik *est plutôt portée par la bourgeoisie, et plus particulièrement par la bourgeoisie cultivée et la petite bourgeoisie des artisans, dont le capitalisme industriel menace les conditions de vie et les idéaux. Elle se présente comme une réflexion sensible aux coûts du progrès, à ses effets destructeurs pour les formes de vie éprouvées, c'est-à-dire pour les héritages culturels – et il n'est pas étonnant qu'elle s'inspire du passé pour mettre en évidence les dangers et les insuffisances du présent. La critique sociale tend au contraire à s'adresser au prolétariat dans la langue de la philosophie du progrès : elle est orientée vers un futur censé réaliser la raison, l'égalité et le bonheur. C'est justement cette philosophie associée aux Lumières que la* Kulturkritik *conteste, en dénonçant, à l'instar de Troeltsch, son rationalisme abstrait, son utilitarisme et son hédonisme moral. Tout cela explique qu'elle ne recourt pas – ou marginalement, comme c'est le cas de Troeltsch – au langage des injustices sociales, parlant plutôt celui des « maux » ou des « pathologies » de la modernité : aliénation, désenchantement, dépersonnalisation, esseulement, rationalisation – autant de termes qui font signe vers un « autre de la justice » puisqu'ils ne renvoient pas à des problèmes de répartition des biens*[14]*. De ce point de vue, la critique culturelle remet en cause l'idée, actuellement dominante, que la pensée sociale et politique doive nécessairement prendre la forme d'une « théorie de la justice ».*

Le décalage entre les deux modalités de la critique du capitalisme peut prendre la forme d'une profonde hostilité. La Kulturkritik *est en effet venue, à la fin du* XIXe *siècle, en partie contrer* et en tout cas doubler *la*

12. Cf. Luc Boltanski et Ève Chiapello, *Le nouvel esprit du capitalisme*, Gallimard, Paris 1999, p. 83 sq.

13. Sur cette modalité de la critique que l'on peut qualifier, de manière un peu « barbare », d'« anthropologico-caractérologique », cf. Wilhelm Hennis, *La problématique de Max Weber*, trad. L. Deroche-Gurcel, PUF, Paris 1996.

14. Cf. Axel Honneth, « Pathologien des Sozialen. Tradition und Aktualität der Sozialphilosophie », in *Das Andere der Gerechtigkeit. Aufsätze zur praktischen Philosophie*, Suhrkamp, Frankfurt am Main 2000, p. 11-69 ; on trouve une traduction de cet essai dans le récent recueil édité par Olivier Voirol : Axel Honneth, *La société du mépris. Vers une nouvelle Théorie critique*, La Découverte, Paris 2006, p. 39-100.

critique sociale enracinée dans la philosophie du Progrès. « Contrer » puisque la critique culturelle est souvent une critique de la critique sociale portée par la social-démocratie, une attaque parfois virulente de son discours progressiste et égalitariste – que l'on songe à Nietzsche. « Doubler » puisqu'elle constitue une autre *perspective critique, plus axée sur les pathologies que sur les injustices – mais aussi puisqu'à certains égards, elle* dépasse *la critique sociale, se faisant* plus globale et radicale. *En effet, elle s'attaque à* l'ensemble *des implications socioculturelles du capitalisme, et pas seulement au caractère privé de la propriété industrielle ; et elle cherche à aller aux* racines *du problème qu'elle situe en général, au-delà de la question du profit, sur le plan* des valeurs et des représentations du monde *associées à la philosophie du Progrès. Or, c'est justement cet accroissement de globalité et de radicalité que la référence au « culturel », par distinction du « social », permet de suggérer – ce qui justifie de parler de « critique culturelle ».*

Un dernier élément milite en ce sens : le terme de Kulturkritik *apparaît en Allemagne dans le cadre d'une inflation générale de la notion de* Kultur, *là où la référence au « social » est d'usage dans d'autres pays – et les auteurs introduisaient souvent le concept de culture* contre celui de société, *à l'instar de Nietzsche qui déclarait : « Au lieu de la "société", le complexe de* Kultur, *mon principal objet d'intérêt.* [15] *» À la fin du* XIXe *siècle apparaissent notamment la* Kulturgeschichte *(l'histoire culturelle) qui cherche à dépasser l'étroitesse de l'histoire politico-événementielle, centrée sur l'État, et se donne rapidement comme objet central la question de l'avènement du capitalisme – qui fait à l'époque, comme le rappelle Troeltsch, l'objet de nombreux débats, notamment entre Max Weber et Werner Sombart* [16] *; et l'idée de* Kulturwissenschaft *(science de la culture) qui vise à définir la spécificité des sciences que l'on dirait aujourd'hui « humaines » par opposition aux sciences naturelles, afin de protéger les premières contre tout réductionnisme naturaliste* [17]. *Tout cela est lié à l'esprit de la* Kulturkritik *: car le scientisme positiviste, cherchant à appliquer partout ses schémas mécanistes d'intelligibilité, fait preuve de la même agressivité que le capitalisme industriel, basé sur le machinisme. On comprend alors la place centrale de la métaphore de la « mécanisation de la vie » dans la* Kulturkritik *: elle permet justement de manifester le lien qui unit ses deux « bêtes noires », la vision mécaniste du monde et le mode de production industriel.*

La critique culturelle n'est cependant pas toujours restée étrangère et

---

15. Friedrich Nietzsche, *Kritische Studienausgabe*, Colli-Montinari (éd.), t. VIII 2, fragment 10 [28], p. 136.

16. Cf. Gangolf Hübinger, « Kapitalismus und Kulturgeschichte », in Rüdiger von Bruch *et alii*, *Kultur und Kulturwissenschaften um 1900. Krise der Moderne und Glaube an die Wissenschaft*, Franz Steiner Verlag, Wiesbaden, 1989.

17. Cf. Heinrich Rickert, *Science de la culture et science de la nature*, trad. A.-H. Nicolas, Gallimard, Paris 1997.

*hostile à la critique sociale portée par la social-démocratie – qui, dans sa critique des injustices du capitalisme, ne va pas jusqu'à mettre en question les fondements et les applications de la science moderne, restant au contraire dominée par une certaine forme de scientisme, notamment dans sa conception, économiste et mécaniste, de la réalité sociale. Cette étroitesse à la fois politique et intellectuelle va être remise en question, après la Révolution allemande de 1918, par toute une série de penseurs engagés politiquement dans le camp social-démocrate. En dépit de leurs divergences, le Lukács d'*Histoire et conscience de classe *(1923), Ernst Bloch et les philosophes associés à l'École de Francfort : Horkheimer, Marcuse, Adorno et Benjamin, ont en commun de se détacher du marxisme dogmatique* en s'inspirant des motifs de la critique culturelle, *notamment telle qu'elle avait été développée par les « pères fondateurs » de la sociologie allemande, Georg Simmel et Max Weber*[18].

Si le renouveau philosophique du marxisme s'est fait, dans l'Allemagne des années 1920, en s'inspirant de la critique culturelle des années 1890, c'est parce que cette dernière permettait d'élargir les ressources d'une pensée critique qui, jusque-là, restait focalisée sur la question des inégalités et sous-estimait les liens unissant la domination sociale et une certaine forme de rationalité – cette « rationalité instrumentale », à l'œuvre dans la science positive et la gestion bureaucratique, qui constituera le cœur des analyses de l'École de Francfort[19]. *Tout cela témoigne de la fécondité d'une modalité de la critique dont l'intégration au sein de la Théorie critique se traduira par une attention aiguë à l'importance des médiations culturelles dans le champ socio-politique, par l'abandon des illusions relatives au rôle nécessairement positif et émancipateur du progrès scientifique et technique, et par une lucidité précoce en ce qui concerne les implications socio-politiques de la socialisation croissante de l'économie (qu'elle soit capitaliste ou soviétique) et les conséquences écologiques du développement industriel – des problèmes toujours bien actuels.*

---

18. La littérature secondaire est ici immense. Je me contente de renvoyer à quelques aperçus synthétiques : sur la *Kulturkritik* dans la sociologie allemande, cf. Thomas Jung, *Geschichte der modernen Kulturtheorie*, Wissenschaftliche Buchgesellschaft, Darmstadt 1999 ; sur Lukács, cf. Manfred Gangl, « Georg Lukács zwischen Kulturkritik und Marxismus », in Gilbert Merlio & Gérard Raulet (éd.), *Linke und Rechte Kulturkritik. Interdiskursivität als Krisenbewußtsein*, Lang, Frankfurt am Main 2005, p. 131-148 ; sur l'École de Francfort, cf. Arpad A. Sölter, *Moderne und Kulturkritik. Jürgen Habermas und das Erbe der Kritischen Theorie*, Bouvier Verlag, Bonn 1996.

19. Cf. Theodor W. Adorno & Max Horkheimer, *La dialectique de la raison, op. cit.* ; Max Horkheimer, *Eclipse de la raison*, trad. J. Debouzy & J. Laizé, Payot, Paris 1974 ; Herbert Marcuse, *L'homme unidimensionnel. Essai sur l'idéologie de la société industrielle avancée* (1964), trad. M. Wittig, Minuit, Paris 1968.

Ernst Troeltsch

LE DIX-NEUVIÈME SIÈCLE [1]

Afin de s'orienter spirituellement dans le présent et l'avenir, il est absolument nécessaire de comprendre les traits fondamentaux du monde culturel (*Kulturwelt*) moderne. Bien sûr, ce n'est pas simplement dans le domaine de la pensée qu'il faut les chercher, mais en même temps – comme à toutes les autres grandes époques – dans les domaines politique, social, économique et technique ainsi que, finalement, dans la constitution psychophysique, l'orientation et la vigueur de la croissance démographique, l'adaptation du système nerveux aux conditions de vie générales. Mais la teneur même de l'esprit (*geistige Gehalt*) n'est jamais simplement conditionnée par ces forces : elle leur fait face dans une interaction très complexe de conditionnements réciproques. Cela est particulièrement vrai de la culture (*Kultur*) moderne ; elle ressent si fortement cette interaction qu'elle en vient à jouer un rôle essentiel dans la conscience qu'elle a d'elle-même.

C'est justement dans cette interaction qu'elle prend une teneur spirituelle particulière, imbriquée dans les conditions réelles d'une manière tout à fait particulière et souvent contradictoire. Ses traits spirituels fondamentaux datent de l'époque des Lumières qui, quant à elle, présupposait la sortie du Moyen Âge, la Réforme et la Renaissance, et signifiait enfin, par rapport à ces dernières, la véritable irruption de l'esprit moderne. C'est ensuite l'Idéalisme allemand qui constitue au fond le grand mouvement important de l'esprit. Il se propage à travers la totalité du monde que la pensée se construit dans la poésie, la phi-

1. « Das Neuzehnte Jahrhundert » a été publié pour la première fois dans le 24ᵉ volume de la *Realencyclopädie für protestantische Theologie und Kirche*, Albert Hauck (éd.), Hinrichs'sche Buchhandlung, Leipzig 1913, p. 244-260. Il a été réédité dans les *Gesammelte Schriften* d'Ernst Troeltsch, vol. IV : *Aufsätze zur Geistesgeschichte und Religionssoziologie*, Hans Baron (éd.), J. C. B. Mohr, Tübingen 1925, p. 614-650, sous une forme légèrement remaniée : l'éditeur a aéré le texte original en multipliant les alinéas, a fait passer le nombre des sections de 9 à 6 et a dû en conséquence transformer les sous-titres. Nous avons repris l'organisation initiale (en écartant, pour des raisons de taille, les sections 4, 5 et 9 consacrées respectivement au développement des sciences, de la philosophie, et enfin du christianisme) et les sous-titres d'origine tout en maintenant la décision bienvenue d'aérer ce texte très compact. Nous avons supprimé les éléments de bibliographie indiqués en note – notons seulement les quelques grands ouvrages disponibles en français que Troeltsch mentionne : Georg Simmel, *Philosophie de l'argent* (1900), Alexis de Tocqueville, *De la démocratie en Amérique* (1835-1840), Jacob Burckhardt, *Considérations sur l'histoire universelle* (1905) – mais Troeltsch renvoie aussi à des essais de Sombart, Meinecke, Jellinek, Eucken, Alfred Weber, Rathenau, Paul de Lagarde etc. Toutes les notes dans le texte ont été introduites par le traducteur.

losophie et les sciences historiques. Il a approfondi et élargi les Lumières et fut ainsi capable de reconnaître un droit relatif aux anciennes puissances culturelles de l'époque pré-moderne. Mais il l'a fait en étant dominé par une conception de la culture (*Kulturgedanken*) complètement arbitraire du point de vue de l'évolution historique : elle cherchait à modeler le patrimoine entier de l'histoire européenne d'après l'idée d'une humanité riche et autonome.

Bien sûr, ces deux mouvements étaient eux-mêmes liés à ceux du soubassement (*Untergrund*) politique et social. Les *Lumières* étaient le fruit de l'absolutisme rationnel. Celui-ci avait quant à lui pris la relève de la civilisation (*Kultur*) ecclésiale et féodale et, par son travail de nivellement et son esprit utilitariste purement séculier, a suscité les Lumières et libéré l'individu des chaînes que, dans sa pression hégémonique, il lui avait imposé. Les Lumières étaient liées à la séparation de la société et de l'État, aux exigences de la société à l'égard de l'État et à l'asservissement de l'État par ces exigences qui émanaient de la société dotée d'une culture intellectuelle, scientifique et artistique et qui, en même temps, avait pris son autonomie sur le plan de la vie civile économique [2]. Par ailleurs, leur grande irruption sociale et politique lors de la Révolution [française] ouvrit une brèche au sein de ce corps social fraîchement formé, l'opposition entre la société possédante et cultivée, d'un côté, et le peuple dénué de culture et de propriété, de l'autre. C'est à ces problèmes d'une société juxtaposée à un État n'obéissant qu'à ses propres impératifs politiques, et d'une fracture s'élargissant constamment au sein de la société, que toute la suite de l'histoire travaille jusqu'à notre époque. En dépit de cela, les Lumières étaient, dans leur orientation doctrinaire et très théorique aussi bien que dans leurs conceptions humanitaires et éthiques, une puissance originale et vraiment spirituelle : elle a montré son indépendance à l'égard des mouvements de classe, des intérêts socio-économiques et des critères politiques en se diffusant dans toutes les classes ayant la possibilité de se cultiver, des princes jusqu'aux petits bourgeois.

L'*Idéalisme allemand* était beaucoup moins lié à un tel substrat (*Unterlage*). Il ne le présuppose que négativement, en ce que son terreau était la couche de la population suffisamment dotée en garanties économiques et sociales et, simultanément, suffisamment dénuée de prétentions pour pouvoir se consacrer purement à la puissance de la pensée, et surtout au sentiment esthético-artistique et à une humanité totalement idéale. Bien sûr, l'ancrage de classe n'est pas absent, il apparaît d'emblée dans le recours extrêmement abondant à une Antiquité qui ne pouvait être comprise qu'à condition de disposer d'une formation scolaire des plus

2. « *bürgerlich-wirtschaftlich verselbständigte Gesellschaft* » : l'adjectif *bürgerlich* renvoie ici à la sphère civile opposée à la sphère politique – au sens par exemple où Hegel distinguait la *bürgerliche Gesellschaft*, la « société civile » définie comme « système des besoins », de l'État.

hautes ; mais il ne constituait aucunement la puissance déterminante. Même les idéaux sociaux et politiques qui en émanaient, et qui essayaient de refonder, contre l'individualisme des Lumières, l'unité organique de la société et la souveraineté de la puissance politique, furent conçus pour l'essentiel de manière éthique et philosophique. Quelles que furent la puissance de leurs effets et la manière dont les groupes d'intérêt les ont accaparées, ces théories, celles du Romantisme, étaient pourtant de purs produits de la pensée, une pure réaction de l'esprit contre l'individualisme atomiste et la culture d'entendement (*Verstandeskultur*), utilitariste, des Lumières.

Face à ces deux grands types, le XIXe siècle constitue un troisième grand type spirituel de culture moderne. Mais son unité ne repose pas tant sur des fondements idéels (*gedanklich*) et émotionnels homogènes que sur les répercussions de la structure économique et politique de la vie moderne. Sa teneur spirituelle est extrêmement compliquée, traversée de nombreuses oppositions, en partie à cause de l'héritage double et contradictoire des Lumières et de l'Idéalisme allemand, en partie à cause du processus de développement vif et de spécialisation infinie des sciences exactes, ainsi qu'à cause de l'élargissement énorme du cercle de ceux pouvant prendre part au patrimoine spirituel, à quoi s'ajoute de surcroît le retour en force des anciens fondements spirituels généraux de l'Europe : le christianisme. C'est plutôt la prédominance des aspirations économiques, techniques et sociales, et des aspirations politiques formatrices des États qui donne à ce type un caractère unitaire, une âme. En même temps, il subit l'influence, jusqu'alors inconnue, des mouvements de masse. Ces forces ont déterminé au plus haut point son esprit et l'ont mis à leur service, de telle sorte qu'il incline en général, extrapolant logiquement à partir de lui-même, à déduire toute culture spirituelle des conditions économiques et des mouvements de masse. C'est donc surtout ce trait qu'il faut faire ressortir dans sa présentation, et c'est autour de lui qu'il faut faire tourner cette vie de l'esprit qui, dans ses grands traits, prolonge les anciens types, les met au service de ces puissances réelles ou se révolte contre eux. Ainsi, c'est uniquement dans les sciences particulières que l'esprit a vraiment poursuivi son développement autonome, et ce n'est qu'avec l'opposition à la civilisation de masse (*Massenkultur*) démocratico-capitaliste qu'apparaissent les formations spirituelles nouvelles et originales. De même que l'idéalisme classique et le romantisme se sont opposés à l'absolutisme éclairé et à l'essence atomiste de l'entendement, le XIXe siècle s'achève par l'opposition à la civilisation démocratico-capitaliste de l'impérialisme moderne, et cherche à tâtons de nouveaux fondements pour l'esprit et la société. Si l'on ne perçoit pas cette opposition chez nos actuels révolutionnaires de l'esprit (*geistigen Revolutionären*) – qui font souvent penser au Romantisme, mais en diffèrent pourtant en tout, et justement à cause de la différence de nature de ce à quoi ils font face –, on ne voit facilement rien de nouveau et d'original dans ces mouvements. On y voit seulement la poursuite du grand morcellement qui semble devoir résulter de la posture fondamentalement individualiste du monde moderne et de son mélange sans fin d'éléments culturels (*Kulturinhalte*) du passé. Mais en vérité, ils incarnent l'aspiration à formuler les conclusions spirituelles, éthiques et religieuses que l'on peut tirer de ce siècle, sur la base de ses évolutions et en opposition à sa tendance démocratico-capitaliste principale.

Dans ces circonstances, le contenu idéel du XIXe siècle est extraordinairement varié et contradictoire. Ce à quoi vient encore s'ajouter la tendance de son esprit à se concevoir objectivement, de manière historico-psychologique, comme le résultat d'une évolution. Cela donne au siècle un côté relativiste et historiciste croissant qui, plus riche et vaste que l'esprit des Lumières et de l'Idéalisme allemand, englobe une diversité bien plus grande. Mais le prix en est qu'il est bien moins résolu dans la prise de positions normatives propres. C'est un esprit sceptique au sein duquel les individus, si tant est qu'ils prennent position, en prennent de très singulières, par exemple en ce qui concerne le nationalisme chauvin ou le socialisme humanitaire, ou en ce qui touche à une culture des sens empreinte d'esthétisme (*ästhetische Sinnenkultur*) ou aux convictions confessionnelles, voire en ce qui regarde les valeurs fortuites de ceux qui se passionnent pour une chose, quelle qu'elle soit. Ce scepticisme est toutefois bien éloigné de toute lassitude, il s'accompagne plutôt d'un état d'esprit d'autant plus intensément favorable au progrès dans les domaines tangibles, de sorte qu'il n'apparaît pas tant comme relâchement des forces et déclin que comme concentration en vue de nouvelles focalisations spirituelles. La civilisation (*Kultur*) européenne n'est pas en voie de dissolution ; au contraire, elle gagne du terrain et conquiert l'Orient. Pourtant, il n'a jamais été aussi difficile de saisir son véritable esprit. Abstraction faite d'atmosphères occasionnelles de décadence et d'une forte consomption des forces nerveuses, la confiance dans les grandes évolutions à venir règne en général. Son esprit bat surtout dans les grands programmes d'avenir esquissés à partir de l'évolution historique, et l'autoanalyse historique apparaît globalement plus comme une préparation de ces évolutions futures que comme une fuite lasse dans le passé et un âge d'or perdu. C'est ce qui la distingue, en dépit de certaines similitudes, de l'alexandrinisme et de l'auto-dissolution étatique de la fin de l'Antiquité.

Le plan de l'analyse est ainsi donné. D'abord, il s'agit du prolongement des deux types précédents, les Lumières et l'Idéalisme allemand, puis de l'évolution de plus en plus autonome des sciences particulières. Ensuite, le véritable caractère principal du siècle émerge à partir de son deuxième tiers : sur le plan économique et social, c'est le capitalisme, et sur le plan politique, c'est un impérialisme teinté de démocratie. Ce n'est qu'avec les effets de ce système, et les réactions qu'il suscite, que l'on peut parler d'une essence spirituelle propre du siècle. En conclusion, il faudra se tourner vers la signification, au sein de cette structure d'ensemble, du monde de la vie et de la pensée chrétienne – une signification étroitement et diversement liée à ces évolutions.

L'INFLUENCE PROLONGÉE DES LUMIÈRES

Parmi les grandes puissances du XVIIIe siècle, les *Lumières* ont fortement reflué sous les influences conjuguées de l'Idéalisme allemand, en particulier du Romantisme, de l'effroi suscité par la révélation des conséquences des Lumières lors de la Révolution française, et enfin de la restauration politique et religieuse. Elles ont partout fait alliance avec les sciences exactes de la nature dont l'épicentre se trouvait aussi d'abord en France, avec les aspirations politiques, économiques et techniques, et surtout avec le principe démocratique s'emparant de la totalité du monde civilisé (*Kulturwelt*) de manière récurrente. En Angleterre, Bentham et Mill ont été leurs grands représentants. Ils ont aussi travaillé avec succès à la démocratisation du pays, y faisant bien sûr alliance avec les protestants dissidents (*Dissentern*) animés par l'esprit démocratique, mais dont les positions religieuses étaient complètement différentes. En France, elles sont représentées par la grande école du positivisme de Comte qui associe un utilitarisme éclairé au besoin d'une construction rationnelle de la société ; elle est aujourd'hui étroitement liée à la démocratie française. L'esprit anticlérical de Voltaire et l'esprit démocratique de Rousseau y sont aujourd'hui plus puissants que jamais. Ils ont institué la séparation de l'Église et de l'État et ligoté les nouvelles *associations cultuelles* *. En Allemagne, l'esprit des Lumières s'est constitué, de manière pleine et croissante, en un courant qui a déferlé avec la révolution bourgeoise de 1848 et est resté dominant dans de vastes cercles libéraux ; il a ensuite donné à la social-démocratie marxiste son orientation antireligieuse, purement intellectualiste et naturaliste. Jusqu'à aujourd'hui, l'Italie est presque entièrement restée sous l'influence du positivisme français.

Ces Lumières n'ont pas changé de nature : traitement purement intellectuel de tous les problèmes de la vie, en opposition à toutes les puissances historiques, à tout ce qui fait autorité, à toutes les puissances en quelque façon mystiques ; individualisme fondamental, formé à l'image de l'atomisme des sciences de la nature, souhaitant construire toute société de manière rationnelle et utilitariste, pour le plus grand bien de l'individu ; optimisme et croyance au progrès sur la base du triomphe de l'entendement et de la technique ; enfin, interprétation utilitariste et hédoniste de toutes les idées éthiques – une interprétation qui a

* En français dans le texte.

aujourd'hui fait l'objet, avec succès, d'une nouvelle fondation par le biais de la doctrine évolutionniste de Darwin. Les Lumières ne se sont modifiées, par rapport au XVIIIe siècle, que du point de vue religieux : le compromis avec le christianisme, courant en Angleterre et en Allemagne, a été abandonné au profit des Lumières françaises radicalement antireligieuses, ou s'est retranché dans les seuls cercles de la petite bourgeoisie. Les Lumières ont aussi supprimé le déisme et le théisme et sont redevables au darwinisme, qui les a sauvées en ce qui concerne les problèmes posés à l'évolutionnisme par une époque historique et universelle, d'avoir expliqué tout de ce qui est fonctionnellement adapté sans recours à la métaphysique. D'un autre côté, elles ont appris à apprécier de manière plus profonde les difficultés liées à l'édification rationnelle du corps social, elles se sont approfondies sur le plan sociologique et encore une fois, le darwinisme leur est venu en aide en mettant à leur disposition, à la place des anciennes constructions mécanistes grossières, celles plus fines du mécanisme biologique. Elles peuvent ainsi accorder aujourd'hui une plus grande valeur à l'organisation et aux forces communautaires, elles se transforment en un socialisme démocratique et individualiste qui ne satisfait chacun que par l'organisation de l'ensemble. Même dans leur optimisme et leur foi dans l'avenir, elles s'en remettent moins à la raison individuelle qu'à la loi d'une évolution et d'une adaptation progressive, ici aussi à nouveau renforcée par une théorie de l'évolution qui conçoit l'entendement purement intellectuel (*rein intellektueller Verstand*) comme sommation d'expériences isolées et utilisation judicieuse de ces expériences. Mais en dépit de toute leur dimension sociologique, elles sont restées individualistes, utilitaristes et démocratiques ; seulement, elles sont devenues encore plus naturalistes et focalisées sur le monde terrestre.

L'INFLUENCE PROLONGÉE DE L'IDÉALISME ALLEMAND

L'*Idéalisme allemand* reprend et poursuit les résultats des Lumières, mais il dépasse leur esprit intellectualiste et utilitariste par une intuition et une conceptualisation avant tout esthétique et historique. Il a exercé une influence des plus profondes sur la totalité du monde de la culture (*Kulturwelt*) – une influence qui justement repose sur la combinaison de ses deux orientations principales et contradictoires, le classicisme néo-humaniste et le romantisme complètement universel. Leurs fondements sont identiques, ils remontent à la conversion esthético-historique de la pensée moderne. Mais à partir de là, le Classicisme s'est rassemblé, en s'appuyant sur l'Antiquité, autour d'un idéal normatif de pleine culture, un idéal d'humanité s'inspirant pour l'essentiel de l'Antiquité et reprenant en lui l'inspiration et les énergies éthiques chrétiennes. Par là, il gardait au moins un lien avec l'esprit normatif des Lumières. Le Romantisme par contre annulait cette convergence par une immersion tout simplement universelle dans l'ensemble des éléments culturels historiques. Il les pénétrait par le moyen de l'empathie (*Einfühlung*) esthétique et surmontait leur bigarrure par un libre jeu de l'imagination planant au-dessus des choses, selon des vues d'ensemble totalement subjectives, ou bien s'inclinait avec scepticisme face à cette diversité. Le premier principe fournissait un appui éthique plus solide. Sans le moindre dogmatisme, Goethe l'a incarné par sa personnalité riche et forte, et Hegel l'a philosophiquement renforcé avec sa philosophie substantielle. Mais le classicisme était aussi lié au néo-humanisme qui corsetait la civilisation (*Kultur*) moderne et qui, face à l'esprit technique réaliste de la démocratie, constituait une position de plus en plus intenable. Le romantisme était par contre un principe bien plus riche et fécond. Il a merveilleusement stimulé la connaissance historique, a repris en lui l'inspiration chrétienne à l'infini et s'est montré plus à la hauteur du caractère mouvant et ouvert (*Beweglichkeit und Unermeßlichkeit*) de la vie moderne. Tant que les deux courants se sont complétés, leur influence fut énorme. Elle va de Herder et Hamann, Goethe, Schiller et Wilhelm von Humboldt, Novalis et Schleiermacher, Schelling et Hegel, des romantiques et des historiens romantiques jusqu'à Carlyle et Emerson, Jourdain, Renouvier et Bergson ; Croce en est le rejeton dans l'Italie actuelle. Il en a résulté une association extrêmement mouvante de métaphysique idéaliste tendanciellement panthéiste, de normes *a priori* simultanément logiques, éthiques et esthétiques, et de la liberté qu'elles fondent, une association entre une capacité infinie de comprendre l'histoire en l'éprouvant et une croyance téléologique idéaliste dans l'évolution, entre une sensibilité vivement ressentie et l'aspiration infinie du sujet, entre l'humanisme en pleine expansion et la plénitude moderne de la réalité. Ce fut même le terreau de nouveaux idéaux étatiques et sociaux, d'un esprit essentiellement aristocratique, strictement opposé à toute démocratie, et d'une conception organique de l'État, proche de l'idéal platonicien, selon laquelle l'État réalise l'idée d'humanité au sein d'une organisation solide mettant les divers groupes de l'idée à son service.

Si puissant fut-il, ce mouvement d'idées n'a pas essentiellement formé et unifié l'esprit du XIXe siècle. Au contraire, il a succombé pour une part à l'esprit réaliste, démocratique et capitaliste, et pour l'autre s'est épuisé dans ses oppositions internes entre classicisme et romantisme. Le néo-humanisme n'a au fond connu de victoire que dans les écoles, dans l'éducation des classes dirigeantes ; presque rien de ses idéaux étatiques et sociaux n'est passé dans la réalité. En outre, cette méthode d'éducation simultanément historique, éthique et esthétique, méthode qui s'appuyait sur la Grèce ancienne, a été en partie circonscrite et en partie renversée par l'opposition passionnée des conceptions positiviste et réaliste, et des nécessités de même ordre. Il n'est donc pas possible de parler d'une véritable détermination spirituelle du monde moderne par le néo-humanisme. De ce mouvement, seule la figure de Goethe se détache, pour avoir exercé une véritable influence à travers le siècle. Mais il est lui-même de moins en moins lu dans une perspective néo-humaniste. On le considère comme la plus grandiose tentative de synthèse de la culture de l'humanité moderne (*moderne Menschheitsbildung*). Mais cette tentative n'était possible qu'en souhaitant et en se posant des limites sensibles, et elle restait attachée, en particulier sur le plan socio-politique, à une société stratifiée en « ordres » (*ständisch-abgestufte*) se démarquant consciemment les uns des autres, considérant cette organisation sociale comme la condition préalable pour qu'existe une telle aristocratie culturelle.

L'influence du Romantisme, plus mouvant et subjectiviste, mais dont les principes étaient moins établis (*grundsatzloser*), a été plus durable et plus forte. Il a au début célébré dans le classicisme un néo-paganisme fait poésie, a ensuite glorifié avec autant d'ardeur le Moyen Âge, la littérature italienne, espagnole, française et orientale, a célébré le réalisme sans préjugé de Shakespeare et, finalement, a ressuscité le monde indien et perse. Il a ainsi infiniment élargi et affiné le sens historique, mis en lumière la vie dans sa totalité et ses relations réciproques et, selon les besoins, a tantôt cherché à compléter les grandes directions réalistes de la civilisation (*Kultur*), et tantôt y a jeté sa lumière poétique capable de tout transfigurer. S'il a ce faisant soutenu les tendances restauratrices en matières ecclésiale et politique, c'était en partie une protection contre son propre relativisme et, en partie, une conséquence de son goût du paradoxe et de la glorification poétique du type d'esprit antirationnel. C'est toutefois cette orientation qui lui donne une grande importance pratique, mais la réaction qu'elle est venue renforcer a rapidement pris son autonomie et a développé un esprit normatif dogmatique complètement opposé à lui. Aussi le Romantisme ne s'est-il jamais réduit à cette orientation. Au contraire, il a toujours simultanément prêché le mal du siècle (*Weltschmerz*) et cultivé l'aristocratisme de l'esprit (*Bildungsaristokratismus*). Schopenhauer devenant populaire, il en a appelé au monde indien contre le prosaïsme et la médiocrité de l'Europe ; et quand sont apparues les premières réactions contre la démocratie et le capitalisme et que se fit jour une nouvelle impulsion métaphysique, il lui a aussi fourni, à la fin du siècle, son imaginaire. Mais nous ne pourrons aborder plus précisément ce néo-romantisme que lorsque nous aurons caractérisé ce à quoi il s'oppose. En tout cas, il ne se réduit pas au simple principe de la restauration politique et ecclésiale, comme on le croit souvent : il est en même temps, et bien plus essentiellement, un principe d'affinement et d'indépendance spirituels de la plus grande radicalité. Mais comme il lui manque toute orientation normative substantielle, il a eu les effets les plus variés et contradictoires. Et en dépit de résurrections toujours nouvelles, il n'a pas vraiment déterminé l'esprit du siècle.

[...] [3]

LE CAPITALISME

En revanche, ce qui véritablement domine le siècle se révèle de plus en plus être la structure socio-économique de la société qui accompagne une croissance démographique colossale, et que l'on désigne par la notion de *capitalisme*. Le problème très complexe de sa genèse, qui concerne de multiples disciplines, peut être laissé de côté, de même que celui des raisons de la croissance démographique. Il constitue l'un des objets les plus importants du travail d'introspection que le siècle fait sur lui-même et domine une grande partie de la recherche historique actuelle. En tout cas, il faut souligner que les racines du capitalisme ne se situent pas simplement dans des changements extérieurs et fortuits, mais en même temps dans une évolution spirituelle, scientifique, philosophique, éthique et religieuse de l'Europe moderne. Une densité démographique semblable est observable en Chine, mais une organisation extrêmement patriarcale, aux racines éthiques et religieuses, et donc un tout autre monde d'idées y a réglé tout à fait différemment les problèmes qui en ont résulté.

Quelle que soit la complexité des origines, le résultat pratique n'en est pas moins clair. Les faits décisifs sont ici les suivants : cette nouvelle forme de vie s'est imposée d'abord en Angleterre, puis dans les années trente en France, ensuite dans ce pays de fermiers et de colons qu'est l'Amérique, enfin dans l'Allemagne qui s'est unifiée par la politique commerciale et a libéré les paysans de la dépendance, et finalement dans la totalité du monde civilisé (*Kulturwelt*). Elle consiste en substance en un accroissement immense et une mécanisation complète de la production et de la distribution des biens, et ainsi en une mécanisation du travail, de la société et finalement de la vie entière. À la vieille économie domestique et patriarcale, qui était complétée par une industrie artisanale obéissant à une régulation commerciale stricte et par un commerce réglé de manière correspondante, se substituent la fabrication et la distribution de biens de masse par la grande entreprise. À la civilisation (*Kultur*) féodale, paysanne et urbaine se substitue une civilisation industrielle et commerciale, étroitement reliée au développement technique et à l'utilisation du flot de population provenant des campagnes. Mais la grande entreprise repose à son tour, pour sa mise en place et son fonctionnement, sur le triomphe de l'économie monétaire et plus encore

3. Nous sautons ici les longs développements consacrés à l'évolution des sciences, notamment historiques, et à celle de la philosophie.

du régime des crédits. Ce dernier s'applique à mobiliser pour ses entreprises le moindre centime épargné et, par son organisation stable des taux d'intérêt, attire dans ses filets la totalité de la population, du prince au financier jusqu'au producteur de céréales et au petit épargnant. Tout cela exige la libre disponibilité, pour la production, de masses de population dépendantes, des initiatives extrêmement téméraires et sagaces de la part des capitaines d'industrie et des financiers, une formation générale du peuple d'inspiration réaliste et pratique [4], ainsi qu'une hégémonie de l'esprit de calcul commercial. C'est dans ce cadre qu'apparaît le phénomène caractéristique des temps modernes, la grande ville, avec ses amoncellements humains et ses concentrations de travail en croissance continue, ainsi que ses répercussions éthiques et idéelles sur une masse aliénée de la nature et de l'immédiateté de la vie. Tout cela s'accompagne en outre de l'internationalisation du capital et de l'économie, de l'ouverture soudaine de l'horizon terrestre, de l'ajustement de toutes les questions politiques aux questions économiques, et de l'enrôlement du monde non civilisé (*nicht zivilisierten Welt*) dans sa globalité comme client et comme fournisseur des indispensables matières premières. C'est par l'inclusion du Japon et de la Chine que se referme la boucle de cette civilisation (*Kultur*). Les peuples économiquement dominants aspirent au partage du globe, que ce soit par l'appropriation directe ou par la création de sphères d'influence stables.

L'ancienne organisation patriarcale du travail, l'économie domestique, l'ancienne organisation des métiers, la domination foncière des chevaliers et la noblesse établie sur cette base, la relation personnelle au produit du travail, le modelage et le façonnement personnels des biens, la simplicité adaptée aux dons de la nature – tout cela prend fin pour l'essentiel, et il ne reste que quelques îlots de l'ancien système. La situation de la famille change, et ainsi celle de la femme et de l'enfant. Mouvement ouvrier, émancipation de la femme, assistance publique aux enfants et travail infantile en sont les conséquences naturelles. Dans ce travail rationnel de tous et cette énorme production de biens, la rapidité du fret, la production de besoins toujours renouvelés, la perte de valeur accélérée des biens plus anciens, tout cela devient nécessaire à la mise en valeur du capital. La société tout entière est travaillée par une monstrueuse précipitation liée au développement fantastique des moyens de transport et à un service d'information rapide comme l'éclair. D'un autre côté, l'usure du système nerveux, qui est la conséquence nécessaire de cette précipitation, doit être compensée par une pléthore de nouvelles

4. « *allgemeine realistisch-praktische Volksbildung* » : la référence au « réalisme » est une allusion aux débats de l'époque sur l'éducation. Ils opposaient les partisans du *Gymnasium*, le lycée classique d'élite diffusant une instruction « humaniste » basée sur l'apprentissage des langues anciennes, aux réformateurs partisans des *Realschulen* d'inspiration scientifique et technique, plus orientées vers les « réalités pratiques modernes » que vers les « humanités ». Le débat sera tranché par Guillaume II en faveur des « modernes ».

sources de plaisir et de détente ainsi que par toutes sortes de techniques médicales. L'influence de tout cela sur la persistance corporelle de la race n'a pas encore pu être établie [5]. En tout cas, la mortalité n'a jamais été aussi faible, et dans les classes possédantes, on peut déjà apercevoir une diminution de la croissance démographique des peuples dirigeants. Les conséquences spirituelles et morales sont par contre déjà bien identifiables : la marginalisation du style de vie guerrier et féodal ; le règne d'une sécurité générale indispensable à cette manière d'utiliser le travail ; l'augmentation générale du train de vie ; l'indépendance à l'égard des caprices de la nature, ce qui est en sus lié à la protection assurancielle contre toutes les possibilités de malheur ; un esprit rationnel et calculateur universellement répandu, une pulsion affairiste, organisatrice et témérairement conquérante, une imposante discipline de travail et des perspectives illimitées d'accroissement des possibilités techniques d'alimenter et d'entretenir le genre humain. En contrepartie, il y a bien sûr toutes sortes de nuisances largement déplorées : l'exploitation de ceux qui ne sont pas indépendants, la richesse démesurée de quelques-uns ; la transformation de la masse [de la population] en employés et pensionnés ; les crises industrielles et commerciales consécutives à l'absence d'organisation globale de la production ; la destruction du monde naturel des émotions instinctives, l'intellectualisation et la mécanisation de la vie dans toute son étendue ; la mise en péril de la famille, les différences de classe haineuses à la place de l'organisation en « ordres [6] », une augmentation menaçante de la criminalité et, pour finir, la mise en danger de la force nerveuse de la race. Cette question des progrès et des préjudices fait l'objet d'exposés appliqués, donnant tantôt dans une admiration démesurée, tantôt dans une déploration pessimiste. Les institutions privées et étatiques qui s'occupent de politique sociale travaillent sans relâche à trouver des solutions aux difficultés posées par ce système. C'est ainsi que le XIXe siècle fut, comme aucun autre par le passé, celui des expérimentations socio-politiques, des luttes de classe et des théories.

5. Rappelons que la formulation des inquiétudes concernant les répercussions de la modernisation sur l'homme se faisait très couramment à l'époque en termes raciaux (la « dégénérescence ») et nerveux (la « neurasthénie ») – le fameux livre de Max Nordau, *Dégénérescence* (1892), étant l'exemple type de cette interprétation médico-sociale des dangers du monde moderne. Troeltsch, qui renvoie en bibliographie à des ouvrages typiques de ces approches (ceux de Houston Stuart Chamberlain et de Willy Hellpach), les mentionne tout en restant prudent en ce qui concerne l'interprétation « raciale ».

6. *Ständesgliederung* : les *Stände* désignent les « états » (au sens où l'on parle du « tiers état ») ou les « ordres » de l'Ancien Régime. Max Weber opposait ce concept, qui inclut l'idée d'une distinction culturelle entre des couches caractérisées par des conduites de vie différentes, à la notion marxiste de classe qui ne souligne que la démarcation économique. Mais il ne tombait pas dans le lieu commun de l'époque auquel Troeltsch fait allusion : opposer les haines de classe modernes à l'harmonie supposée régner entre les « ordres » traditionnels. Cf. Max Weber, *Economie et société*, vol. I, traduit par un collectif sous la direction de Jacques Chavy et Éric de Dampierre, Pocket, Paris 1995, chap. IV.

Mais le résultat le plus important du système capitaliste se manifeste déjà dans ce qui démarque le XIXe siècle du précédent et en fait un seuil historique. Car tel est le sens de toute cette évolution : l'individualisme né du rationalisme, du protestantisme et de l'autonomie du XVIIIe siècle se liquide lui-même progressivement sous l'effet de ses propres créations ; il mène à son autre, une nouvelle civilisation de liens sociaux rigides et de groupements de masse. Le nouveau monde ne pouvait se développer qu'à partir de l'individualisme de la libre concurrence et d'organisations du travail prenant des initiatives téméraires. Mais l'organisation du travail alors nécessaire et les contingentements résultant des crises de distribution, les syndicats, les trusts et la segmentation des marchés conduisent peu à peu à la formation de nouveaux groupes devenant de plus en plus rigides. Cette dernière se rapproche, à une échelle monstrueusement élargie, des restrictions médiévales relatives à la clientèle et aux fournisseurs, des monopoles des entrepreneurs et des corporations de travailleurs. Seulement, il n'y a plus aujourd'hui de chamarrure religieuse, de patriarcat, de soutien à trouver dans la nature et le pays natal [7]. Tous les liens sont médiatisés par l'entendement, le calcul et le contrat. Ce ne sont pas la piété, le sentiment et la foi qui régulent ces nouveaux liens, mais le calcul, la discipline et la volonté d'assurer son avenir – ce qui ne les rend pas pour autant moins rigides. Ce qui se dessine déjà à l'horizon, c'est un nouvel attachement à la glèbe par le biais de dispositifs de protection sociale, une réduction de la liberté de choisir sa résidence ou un ralentissement de l'exode rural vers les grandes villes par le biais de contrats, de justificatifs de travail et de rentes administrées par l'État. L'individualisme du XVIIIe siècle n'était qu'une phase transitoire entre une civilisation (*Kultur*) de liens anciens et une civilisation de nouveaux liens. La liberté individuelle se conserve sous forme de liberté de penser et de liberté scientifique, d'égalité juridique et de participation politique à la formation de la volonté étatique, et peut-être de liberté de conviction et d'association religieuses. Mais en tant qu'essence de la société et de la production, elle va de plus en plus disparaître derrière l'auto-organisation des travailleurs et des entrepreneurs, et derrière la politique sociale d'un État qui entretient une armée de fonctionnaires et de pensionnés. Qu'il le veuille ou non, il est dans ces conditions nécessairement poussé vers le socialisme d'État pris au sens le plus large, et ne peut espérer surmonter les conflits de classe modernes que de cette manière. En outre, on peut compter avec certitude sur une diminution, en lien avec tout cela, de la croissance démographique, et l'assistance planificatrice fixe déjà sérieusement son attention sur la préservation de la race menacée de dégénérescence. Voilà qui ouvre

7. *Heimat* : ce terme ne désigne pas tant la patrie nationale (*Vaterland*) que la région d'où l'on vient, le lieu où l'on se sent « chez soi ».

de nouvelles perspectives qui ne peuvent pas encore être élucidées aujourd'hui, mais dont l'effet sera en tout cas de circonscrire encore plus l'individualisme.

L'IMPÉRIALISME

Cette évolution croise de diverses manières, sans lui être identique, celle de l'État qui a elle aussi pris un caractère nouveau. L'absolutisme fut le produit de la Renaissance et de la politique française ; il a été soutenu de diverses manières, même contre son gré, par l'Église d'État protestante. Même l'Église catholique internationale a dû largement s'incliner face à lui. Mais par sa nature même, cet absolutisme a creusé sa propre tombe : en abolissant le féodalisme et en nivelant la population, en organisant une administration unifiée et en rationalisant la finalité de l'État, il a liquidé l'ancienne conception de l'État et créé un État purement terrestre, visant au bien-être général. C'est lui qui a élevé la bourgeoisie, cette dernière pouvant ensuite exiger sa participation à l'administration de l'État, et il a même favorisé l'économie moderne qui finalement ne s'est plus laissée tenir en laisse par l'omnipotence étatique. La Révolution française, ainsi que ses équivalentes et héritières plus ou moins pacifiques, n'ont fait que légaliser une situation qui, par la force des choses, avait déjà commencé à se développer. Les grandes guerres napoléoniennes ont intégré complètement l'État et le peuple. L'organisation étatique qui en est issue a créé de grands corps d'État qui ne cessent de s'étendre et qui n'ont pas pu, sur la durée et malgré toutes les tentatives politiques de restauration, se soustraire au constitutionalisme et, dans son sillage, à la démocratisation. En Amérique, le modèle d'une pure démocratie rayonnait ; l'Angleterre aristocratique s'est de plus en plus démocratisée depuis 1830. Les nouvelles grandes formations politiques du siècle, l'Allemagne et l'Italie unifiées, reposaient d'emblée sur l'adhésion populaire et obtinrent des parlements fortement démocratisés. La Russie, le Japon, la Chine et la Turquie ont bouclé le processus et ont aussi de leur côté accordé au peuple une part du pouvoir gouvernemental. Un mouvement aussi puissant avait naturellement, en plus des raisons purement politiques et économiques, de fortes motivations idéelles. La démocratie est certes d'abord le réflexe politique de l'individualisme rationaliste et aussi, à l'occasion, celui des aspirations de l'individualisme religieux qui débouche sur elle ; le constitutionalisme et le libéralisme modéré ne sont jamais que la tentative de concilier de manière plus ou moins cohérente le nouveau principe et les anciennes institutions et répartitions du pouvoir. C'est justement la raison pour laquelle ils sont exposés à la pression permanente de la pure démocratie.

Cette base idéelle est certes en elle-même purement rationnelle, mais elle se renverse nécessairement en nationalisme, avec son lot d'épiphénomènes spécifiquement politiques. Car naturellement, les peuples ont constamment conçu la participation au pouvoir comme une affaire nationale ; c'est seulement en tant qu'il sont pourvus d'une cohésion linguistique et culturelle qu'ils peuvent produire une volonté collective. Malgré toutes les théories universalistes, la démocratie devint donc nationaliste et, sous la forme du principe national, elle devint la base indispensable de la politique des grands États. Mais cela a conduit à l'unification nationale et aux exigences d'expansion nationale qui, de leur côté, étaient encore renforcées par le besoin économique d'un grand espace d'échange unifié, de zones établies de distribution et de ressources en matières premières. Par la volonté populaire nationale et ses répercussions politiques, les États se sont agrandis jusqu'à devenir de grands colosses à côté desquels il ne reste qu'une poignée de petits États indépendants ou neutralisés. Malgré tout l'amour, théorique et rationnel, de la démocratie pour la paix, les États sont tombés dans des oppositions passionnées qui ne sont plus désormais des hostilités de cabinets ou de dynasties avides d'expansion, mais des oppositions passionnées entre les peuples et leurs projets géopolitiques d'avenir. La politique prit désormais le monde comme horizon, et pour mission d'assurer le vaste développement national futur. Mais de telles conditions impliquent une rigoureuse organisation de la puissance et une préparation militaire des peuples, devant toujours être prêts à combattre. Simultanément, elles offrirent aux dynasties favorisées par la situation, aux grands politiciens et aux militaires la possibilité de se lancer dans des entreprises et des guerres violentes. Par là, le monde se transforma de plus en plus en un système de grandes puissances rivales en nombre de plus en plus restreint, avec la conséquence nécessaire que ces organisations de puissance soient à la hauteur de conflits mondiaux toujours plus durs. Mais ainsi, la démocratie individualiste se transforma en son contraire et produisit contre son gré les solides structures de puissance qu'elle combattait. Tel est le grand phénomène qui domine le siècle : l'impérialisme. Il n'est pas possible sans sentiment national de masse, coopération du peuple entier avec le gouvernement et démocratisation de la constitution. Mais compte tenu du besoin immémorial d'organisation de toute masse ainsi que de la nécessité d'une administration solide et d'une puissance militaire de choc, il supprime (*aufhebt*) son propre individualisme démocratique. L'impérialisme remet en selle les anciennes puissances militaires ou en crée de nouvelles et la démocratie, tournant le dos à ces créations qui sont les siennes, se retourne alors vers le cosmopolitisme. Elle est antinationale dans la mesure où le nationalisme exige la formation d'une forte puissance guerrière et abolit ainsi la société démocratique. Elle est nationale dans la mesure où ce n'est que par elle que le principe de l'État-nation et des grandes unifications pouvait se mettre en place.

La même discordance se retrouve du côté des puissances gouvernantes : elles ont besoin de la démocratie pour leurs États gigantesques et voient simultanément en elle le plus grand obstacle à l'organisation de leur puissance. Voilà d'où vient le double visage de cet impérialisme : c'est une colossale organisation de puissance qui va de l'avant en s'appuyant sur des armées permanentes et une foule de fonctionnaires en croissance constante ; mais il a en même temps besoin de l'enthousiasme populaire, de la participation du peuple et de l'expansion économique grâce aux masses populaires et à leur travail. Il oscille entre l'idée démocratique d'une fédération mondiale pacifique, édifiée sur des principes juridiques, dans laquelle les États se garantissent mutuellement, et le chauvinisme exploitant sans scrupules toutes les perspectives d'avenir. Il démocratise les nations et multiplie par mille le volume de leur économie, mais avec son fonctionnariat, son esprit militaire et sa tendance césarienne, il abolit derechef l'esprit non guerrier et les inclinations morales rationnelles de la démocratie. Ses fonctionnaires émanent du peuple, mais leur règne est aussi absolu que celui de n'importe quel monarque. Ses armées sont populaires, mais l'esprit militaire abolit l'esprit démocratique. Même l'Angleterre pense au service militaire obligatoire, et l'Amérique s'adonne à une politique impérialiste dans l'Océan pacifique. Là où ce ne sont pas les dynasties qui recourent à l'impérialisme, des politiciens et des militaires surviennent qui ont le don de la domination et ressemblent tous légèrement à Napoléon, l'héritier de la Révolution et l'incarnation des ambitions françaises. Ainsi, ce n'est pas uniquement en Allemagne que l'époque bismarckienne de la politique de puissance et de la logique de puissance prend la relève de celle de la pensée. L'opposition se reproduit partout, de diverses manières et selon des intensités différentes. D'un autre côté, le triomphe de la politique de puissance est universellement suivi par l'exigence, élevée par les peuples, d'un droit international qui mette fin aux tensions. Après que le libéralisme ait établi la politique intérieure sur les principes de la justice et sur des exigences éthiques, on réclame aussi une moralisation de la politique extérieure. La Cour d'arbitrage de La Haye et le développement du droit international incarnent ainsi l'autre face du système politique moderne.

Cette ambiguïté se reflète aussi dans les théories et les conceptions du monde liées à l'idéal étatique. Présupposant que le monde aspire de lui-même à la justice morale et à l'épanouissement de l'esprit individuel, les uns réclament un ordre politique qui corresponde à la théorie éthique individualiste, un ordre dans lequel l'organisation de la puissance et la guerre ne sont que des moyens indispensables devant être employés le moins possible. Ce sont avant tout l'Amérique et l'Europe de l'Ouest qui progressent dans cette morale politique, tandis qu'en Allemagne prussienne, en Russie et en Autriche, ces principes se heurtent aux restes de la civilisation féodale et guerrière, et aux nécessités politiques. Les autres adossent la *Realpolitik*[8], le système de la puissance, la stratification intérieure en « ordres » et la pulsion conquérante en politique extérieure sur la doctrine évolutionniste darwinienne de la lutte pour la vie et de la sélection des plus forts. Ils glorifient l'égoïsme national et l'homme politique de pouvoir, souvent justifié aussi d'un point de vue esthétique, comme résurrection de la morale sociale aristocratique [caractérisant] la Renaissance par rapport à la morale humanitaire des Lumières et du christianisme[9].

La raison ultime de l'antagonisme se trouve dans la scission de l'État et de la société, d'un côté dans l'animation de la société par ses propres tendances spirituelles et économiques à la libre mobilité individuelle, et de l'autre dans le dégagement de l'idée purement politique de l'État et de la puissance. Ici, chacune des deux dimensions a tendance à traiter l'autre uniquement comme une présupposition et un moyen [à son service]. Il en résulte toujours de nouveaux conflits et ajustements. L'avenir semble aller dans la direction d'une accentuation croissante de l'élément politique. En dépit de l'enthousiasme pour la liberté, la pression de l'omnipotence étatique qui militarise les peuples, étatise l'école et l'esprit et met l'économie sous le contrôle de la politique économique nationale, s'impose aux peuples de manière croissante. Tout cela conduit à une régression de la civilisation (*Vergröberung*) et de la liberté, ainsi qu'à une uniformisation – et le fait que les peuples participent à l'exercice de cette pression sur eux-mêmes n'y change rien. C'est aussi par ce biais-là que s'accomplissent l'uniformisation et la mécanisation de la vie ; un certain socialisme d'État, mélange instable de démocratie et d'impérialisme, semble être le lot du futur.

La critique culturelle (*Kulturkritik*) de la fin du siècle

L'excessive intellectualisation de l'intégralité de la vie, en lien avec l'opacité et le morcellement de la science spécialisée, la prostration relativiste [résultant] d'une inclination à l'autoanalyse qui historicise et psychologise tout et paralyse ainsi la créativité personnelle, mais surtout la monstrueuse mécanisation de la vie par le capitalisme et le colosse

8. Le terme de *Realpolitik* (« politique de réalité ») désigne, avec celui de *Machtpolitik* (« politique de puissance »), le réalisme politique que certains Allemands professaient au tournant du siècle. Il évoque la quête du pouvoir pour lui-même, abstraction faite de toute cause à défendre et de toute restriction morale à observer. Le terme de *Realpolitik* inclut une nuance pragmatique qui fait signe vers un certain opportunisme ; il est souvent associé à la figure de Bismarck et à son art du compromis et de la manœuvre politicienne.

9. Troeltsch insiste souvent sur le « culte de la Renaissance » qui se développe au tournant du siècle, notamment dans le sillage de Jacob Burckhardt (*La civilisation de la Renaissance en Italie*, 1860) et de Nietzsche qui y voyait « l'inversion des valeurs chrétiennes » (*L'Antéchrist*, 1888, § 61). La Renaissance fascinait aussi bien par sa créativité artistique que par son volontarisme politique.

étatique moderne, tout cela a provoqué vers la fin du siècle un mouvement vers l'intériorité, l'unité et la créativité, vers un individualisme approfondi et simultanément vers une communauté (*Gemeinsamkeit*) intériorisée et renforcée – mouvement dans lequel le véritable esprit du siècle est enfin parvenu à sa pleine expression. De même que Rousseau, le néo-humanisme, le Romantisme et l'État national furent des réactions contre l'esprit et la civilisation (*Kultur*) des Lumières et de l'absolutisme utilitariste qui en est le pendant, la *critique culturelle* est le résultat de l'évolution d'un siècle simultanément démocratique, capitaliste, impérialiste et technique.

Elle se rattache naturellement à toutes sortes de traditions spirituelles existantes, renouvelant tantôt le Romantisme, tantôt le néo-humanisme classique, tantôt la Renaissance et l'Antiquité, tantôt l'idéal médiéval germanique. Elle se présente comme une renaissance soit artistique, soit philosophique, soit sociale, soit enfin religieuse, mais n'est jamais un simple retour en arrière, étant constamment conditionnée par l'opposition qui s'est entre-temps constituée contre le siècle mécaniste. Plus que d'une reprise proprement dite, il s'agit d'une impétueuse aspiration (*Drang*) à un esprit actif et productif qui soit adapté à la nouvelle situation et qui, simultanément, la dépasse intérieurement. C'est une révolution spirituelle et sociale qui fuse de toutes parts et vise les buts les plus contradictoires, mais qui partout trouve son unité dans une opposition instinctive et le sentiment que, sur le plan spirituel, quelque chose de nouveau émerge. Inachevée et confuse, complètement incertaine de son but et retombant donc souvent dans le scepticisme, le désabusement et la sophistique, elle est surtout extrêmement contradictoire, raison pour laquelle il est difficile d'estimer la véritable direction de son développement. En tout cela, il s'agit tout de même d'une critique qui va jusqu'aux ultimes fondements et constitue, justement de ce fait, un esprit vraiment nouveau par rapport au Romantisme et au néo-humanisme, au nationalisme et au socialisme démocratique.

Friedrich Nietzsche est la figure de proue spirituelle de cette critique culturelle. Du pessimisme de Schopenhauer il a hérité la critique du progressisme superficiel (*oberflächliche Fortschrittstimmung*), la focalisation sur l'individu génial et le sens de la sincérité radicale des principes. Mais en reprenant simultanément la grande théorie moderne de l'évolution, il a infléchi cette critique : elle est passée du rejet de la culture (*Kultur*) moyenne à l'affirmation d'une culture qui vient et que l'évolution doit ériger. La visée essentielle de cette évolution lui semble être la formation d'un type supérieur à partir de l'humanité qui avait jusqu'à présent existé, et cette formation ne doit bien sûr signifier qu'une intensification du processus vital pour un petit nombre d'individus dotés de grandeur et de force. Par ce biais et ce qui en résulte – la prise de distance des grands individus face à la masse à partir de laquelle ils se forment pour révéler leur caractère –, ce sont la force, la sincérité, la plénitude et la noblesse de la vie qui seront gagnées. Depuis ces hauteurs, le christianisme, la démocratie, le socialisme et la morale commune apparaissent comme les résultats d'une décadence historique dans laquelle les masses, les faibles et les pauvres se sont fallacieusement élevés au rang de but du monde et légitimés à l'aide d'une misérable métaphysique religieuse. Les objectifs positifs d'une telle critique culturelle sont bien sûr très flous et, en dépit de tout le pathos éthique authentique [qui s'y manifeste], complètement naturalistes. Cependant, l'orientation globale de cette pensée est celle d'une transformation de l'individualisme moderne devant passer de l'idée démocratique d'égalité à l'individualisme qualitatif, mais aussi du narcissisme romantique (*romantische Selbstbespiegelung*) à la force agissante, de la stylisation antique à la profondeur moderne de la vie. En lien avec elle, on trouve dans tous les pays et dans les esprits les plus divers l'aspiration à voir l'individualisme rationaliste et quantitatif se transformer dans le sens d'un approfondissement de la vérité, de la force et d'un affinement de la différenciation.

Face à cette conception, il y a bien sûr la critique complètement opposée qui veut remplacer l'époque de l'individualisme moderne par celle d'un nouveau socialisme, c'est-à-dire la critique culturelle *socialiste* qui ne s'épuise aucunement dans les passions de la lutte sociale des classes, mais défend en même temps les principes d'un idéal culturel ; par ce dernier aspect, elle a exercé une puissante force d'attraction sur les esprits les plus divers, et ce jusque dans les milieux religieux et artistiques. Le socialisme démocratique du parti des travailleurs engagé dans la lutte des classes en a formé le point de départ. Mais il est encore complètement traversé de présupposés démocratico-égalitaires et intellectualo-eudémonistes. Voilà pourquoi les élans vraiment nouveaux dans le domaine de l'idée générale de solidarité, de responsabilité globale et d'organisation centralisée de la société se mettent au service de l'idée d'une humanité supérieure, plus noble et plus spirituelle mais aussi plus harmonieuse et moins engoncée dans ses préjugés (*unbefangener*). Il s'agit moins d'un rejeton du communisme démocratique que d'un analogue de la cité idéale de Platon, l'idéal d'accomplissement de la plénitude de la vie [et] de la raison sous la direction des guides spirituels et des organisateurs. À partir de là, un tel socialisme peut très bien se combiner avec l'individualisme qualitatif moderne et se transformer en social-aristocratisme. Dans cette perspective, la social-démocratie est seulement le renforcement de la conscience du véritable sens social, ainsi que l'élévation d'un nouvel ordre social (*Stand*) façonné par l'évolution moderne. Si l'on examine les choses sous cet angle, l'idéal d'héroïsme – qui a fait l'objet d'une nouvelle fondation – fait son entrée aux côtés du socialisme. Voilà encore un contre-courant face à l'esprit du siècle, une critique culturelle qui trouve avant tout chez

Carlyle sa figure de proue mondialement connue[10]. L'*ethos* de l'héroïsme est étendu à tous les domaines pour faire contrepoids au naturalisme des mouvements de masse et à l'utilitarisme de la simple morale des affaires ; il s'oppose, en tant qu'évangile de l'acte créateur, tout autant à la démocratie et au capitalisme qu'à l'auto-complaisance esthétisante et contemplative.

C'est derechef une autre percée dans le nouveau monde de l'esprit que l'on retrouve dans le domaine de l'art et de la poésie modernes. De même que l'art, depuis la Renaissance, a participé de manière autonome et consciente à la formation de l'esprit européen moderne et, avec la conception esthétique du monde, a fortement influencé la manière globale d'envisager la vie, de même la révolution *artistique* a-t-elle aussi aujourd'hui l'ambition de mettre à jour une forme de vie supérieure. Elle se détourne de tout classicisme, de la Renaissance et du néo-humanisme pour [déployer] sa propre production ; elle se distingue aussi du Romantisme par la recherche du sérieux naturaliste et de la véracité réaliste. Tout le réalisme et l'impressionnisme artistiques doivent être ainsi compris comme la quête d'un contenu de vie spécifique qui ne peut d'abord être découvert qu'à partir de l'essence propre de l'art, [ce qui suppose] que ce dernier prenne complètement son autonomie vis-à-vis de toutes les relations qui avaient jusqu'alors prévalu et dans lesquelles il se mettait au service des idées (*gegen alle bisherigen ideellen Dienstverhältnisse*). Ici encore, il s'agit de l'impétueuse aspiration à un individualisme authentique et sincère qui ne s'attache qu'à la surface naturaliste de la vie, qu'au caractère ponctuel de l'atmosphère, et qui exprime volontiers l'indépendance intérieure et la liberté par les excentricités et les coups de force. Mais le rejet du typique d'inspiration antiquisante et néo-humaniste ainsi que l'aspiration à ce qui est authentique et caractéristique, spécifique et vivant, correspond complètement à l'aspiration que l'on peut percevoir dans les autres directions [prises par la critique culturelle]. Toute période de rajeunissement de l'art commence avec le naturalisme, et si la formule extrêmement unilatérale de *l'art pour l'art* * rend justement plus difficile l'enrichissement de la

10. L'écossais Thomas Carlyle (1795-1881) voyait dans les individus exceptionnels les moteurs de l'histoire (cf. *On Heroes, Hero-Worship and the Heroic in History*, 1841). Il a ensuite formulé une virulente critique morale du capitalisme (*Past and Present*, 1843) qui dénonçait la réduction des liens entre les hommes au *cash nexus* (le paiement au comptant) et le matérialisme sordide sur lequel débouchent la misère ouvrière et la pensée libérale. Sa critique s'enracine dans la nostalgie d'un ordre hiérarchique « naturel », incarné dans un Moyen Âge idyllique, au nom duquel il s'attaque aussi aux révolutionnaires socialistes et démocrates. Il aspirait à une sorte de troisième voie contre la social-démocratie et le libéralisme bourgeois : une société d'ordres dominée par une aristocratie morale consciente de son rôle social. Sur la tradition anglaise de critique culturelle du capitalisme qui va de Burke et Cobbett à Eliot et Orwell en passant par Carlyle et Morris, cf. Raymond Williams, *Culture and society 1780-1950*, Penguin, Londres 1976, notamment le chap. IV de la première partie, consacré à Carlyle.

* En français dans le texte.

vie par l'art en le tenant à distance du lien intérieur avec la profondeur substantielle de la vie, ce naturalisme moderne a pourtant déjà fait les premiers pas vers une expression artistique et une symbolisation des nouvelles idées de la vie. Une simple reprise du paganisme de l'Antiquité et de la Renaissance est ainsi devenue tout aussi impossible que celle du Romantisme germano-chrétien. La volonté artistique moderne aspire vaguement à une nouvelle synthèse du réalisme et de l'idéalisme qui soit autre chose que la sophistique néo-romantique et le jeu subjectiviste, même si bien souvent elle ne semble pas réussir à les dépasser. À partir de là se comprend l'inclination moderne à redonner par l'art, la métaphysique de l'art et l'*ethos* qui en est imprégné un contenu plus profond à un monde sans âme, ainsi qu'à ressaisir les fondements suprasensibles de ce dernier, par où l'on exige bien sûr de l'art une chose que seule la véritable religion est au fond capable de faire.

Aussi la réaction contre la perte d'âme du monde, telle qu'elle se manifeste dans un nouvel éveil du besoin *religieux*, est-elle plus importante. Ce besoin s'exprimait déjà partiellement dans l'idéalisme social et la foi dans l'avenir, et il fit partiellement irruption dans la poésie lyrique sous la forme d'une religion impressionniste de l'état d'âme. L'art wagnérien cherchait son point culminant dans le drame religieux. Même le ravalement nietzschéen de l'infini à un processus de vie intégralement terrestre est toujours à la limite de se renverser en religion. Mais indépendamment de tout cela, l'âme (*Gemüt*) ébranlée par la mécanisation et l'embrouillement de la vie se jette dans la quête et l'approfondissement religieux. Cela s'exprime en grande partie dans la vitalité de l'intérêt pour l'église et la théologie, et surtout dans le développement puissant d'un christianisme émancipé des dogmes et des églises – un christianisme qui mène bien sûr une existence essentiellement littéraire. Mais il s'est aussi frayé une voie propre dans la redécouverte de l'âme et de son lien au monde suprasensible. Maeterlinck est ici particulièrement caractéristique [11]. Il découvre dans les faits les plus simples l'irrationalité, le mystère et la profondeur insondable de l'âme qui y ressent partout ce qui la relie à un ordre inconnu offrant cependant calme et constance. En opposition totale à l'aristocratisme

11. Maurice Maeterlinck (1862-1949), poète belge d'expression française, prix Nobel en 1911. Que ce soit dans ses drames, dont le célèbre *Pelléas* (1892) que Debussy mit en musique, ou dans ses essais comme *La vie des abeilles* (1901), il unit le symbolisme et le mysticisme pour faire émerger des choses les plus simples la dimension suprasensible, ou plutôt rendre sensible la présence constante d'un au-delà du rationnel. Il ré-enchante le monde en faisant éprouver l'existence d'un ordre mystérieux, à la fois naturel et supranaturel, et retrouve dans tout homme cette présence divine qui est au fondement de l'éthique chrétienne de fraternité universelle. En 1903, Troeltsch cite ces propos de Maeterlinck qui caractérisent bien sa critique culturelle : « Ce n'est pas humain (*human*) que nous devons être, mais fils de Dieu ; pas libéraux, mais libres ; pas conservateurs, mais germaniques ; pas croyant, mais pieux. » Cf. Ernst Troeltsch, *Gesammelte Schriften*, vol. II, J. C. B. Mohr, Tübingen 1913, p. 21.

de Nietzsche, il apprend à deviner ce mystère en tout homme et à se lier, ou plutôt à se sentir lié intérieurement et réciproquement dans sa vénération. Selon lui, il suffit de dévoiler le mystère qui partout nous environne pour donner à l'âme, au milieu de toute l'agitation fébrile moderne, de la quête du bonheur terrestre et de la rationalisation mécaniste, un soutien sûr bien que totalement incompréhensible. Tout autant impressionnante est la manière dont Tolstoï a fait ressortir le motif religieux en partant justement des problèmes les plus modernes, lui qui est parti d'une religion de l'intériorité et de l'amour pour en arriver au rejet non seulement de la civilisation (*Kultur*) moderne, mais aussi de toute civilisation artificialo-rationnelle violemment contraignante [12].

À côté de cela, il faut mentionner toutes les formes de groupes et de sectes qui ont librement développé leur propre religiosité (*freireligiöse*), les mouvements théosophiques et spirites et l'intérêt croissant des philosophes pour la philosophie de la religion. On ne saurait ici trouver de direction claire dans le développement, mais indubitablement, un approfondissement religieux a lieu dans les replis de la conscience moderne, et ce précisément à la suite des évolutions du siècle. La nostalgie de l'absolu est le résultat d'une époque de relativisme ; pour cette raison, ce qui vient l'apaiser se développe toujours à partir de cette contradiction qui, dans toutes ces solutions, est elle-même encore conservée.

Traduit de l'allemand par Aurélien Berlan

12. Le romancier russe Léon Tolstoï (1828-1910) a formulé une critique de la modernité à partir d'une éthique chrétienne de fraternité universelle aux accents ascétiques. Après avoir frayé un temps avec l'intelligentsia pro-occidentale, il bascule dans le camp des paysans russes et de leurs traditions. Gentilhomme propriétaire, il tente d'affranchir ses serfs et s'oppose à la volonté d'imposer au peuple une instruction étrangère à son mode de vie, soutenant que les élites « éclairées » feraient mieux de s'instruire auprès de lui. Au nom de son authenticité, il dénonce les convenances d'un grand monde corrompu et parasitaire. Il radicalise ensuite cette critique morale, sous-jacente à la plupart de ses romans, en lui donnant une dimension politique, sociale et culturelle. Paru en 1883, *Que devons-nous faire ?* condamne sans appel la propriété, l'État et les progrès techniques et scientifiques comme instruments de domination. Presque primitiviste dans son rejet de la civilisation moderne, et presque anarchiste dans son opposition aux institutions civiles et religieuses de son temps (il sera excommunié), il rejette la violence et préfère agir sur le monde en prêchant la bonne parole et en s'organisant sur ses terres.

Florent Guénard

DÉSIR D'ÉGALITÉ ET ENVIE LES PASSIONS DÉMOCRATIQUES DANS *DE LA DÉMOCRATIE EN AMÉRIQUE* DE TOCQUEVILLE

Pour Tocqueville, il existe deux manières d'aimer l'égalité, ce qu'il précise dès le troisième chapitre du premier volume : « Il y a [...] une passion mâle et légitime pour l'égalité qui excite les hommes à vouloir être tous forts et estimés. Cette passion tend à élever les petits au rang des grands ; mais il se rencontre aussi dans le cœur humain un goût dépravé pour l'égalité, qui porte les faibles à vouloir attirer les forts à leur niveau, et qui réduit les hommes à préférer l'égalité dans la servitude à l'inégalité dans la liberté » [1]. Dans le premier cas, l'amour de l'égalité est émulation et contribue ainsi à l'amélioration de la condition de tous. Dans le second cas, la passion pour l'égalité se transforme en envie : on est envieux lorsqu'on désire rabaisser la condition de ceux qui paraissent supérieurs, quitte pour cela à rabaisser sa propre condition. Or, l'envie a ici deux conséquences. D'une part, elle éteint toute émulation, remplacée par le ressentiment qui pousse à préférer à l'estime des autres l'abaissement de tous. D'autre part, elle efface le goût pour la liberté : on aspire à ce que tous soient pareillement asservis, afin que personne ne puisse montrer une quelconque supériorité.

Une telle passion dans laquelle les faibles semblent se complaire mène ainsi, selon Tocqueville, au despotisme. Elle est servitude volontaire, par haine des différences, parce que l'amour de l'égalité se déforme en envie générale [2]. Tocqueville insiste sur ce point dans la dernière partie de la *Démocratie en Amérique* : « La haine que les hommes portent au privilège s'augmente à mesure que les privilèges deviennent plus rares et moins grands [...]. Cette haine immortelle, et de plus en plus allumée, qui anime les peuples démocratiques contre les moindres privilèges, favorise singulièrement la concentration graduelle de tous les droits politiques dans les mains du seul représentant de l'État » [3].

1. Tocqueville, *De la démocratie en Amérique*, t. I, partie I, ch. 3 (désormais DA I, I, 3), in *Œuvres*, I, Paris, Gallimard, Bibliothèque de la Pléiade, 1992, t. II, p. 58-59.

2. Rawls distingue envie *générale* et envie *particulière* : la première est l'envie des plus défavorisés à l'égard des plus favorisés, elle traduit une forme de rancœur ; la seconde, qui consiste à envier les biens des autres, les succès de ces rivaux, à convoiter ce qu'ils ont obtenu, est stimulante, elle ne procède pas d'un sentiment d'impuissance. J'adopterai cette distinction dans la suite de ma réflexion. Voir Rawls, *Théorie de la justice*, trad. C. Audard, Paris, Seuil, 1987, p. 577.

3. DA, II, IV, 3, p. 813.

Comment comprendre ces affirmations ? Doit-on considérer que la passion « mâle et légitime » pour l'égalité devient inévitablement envie, ce que Tocqueville aurait précisément mis en évidence en décrivant, dans le second volume de la *Démocratie en Amérique*, les sentiments et les mœurs des Américains ? S'il en est ainsi, alors il faut conclure que la démocratie est nécessairement despotique, qu'elle n'échappe pas au gouvernement absolu parce que l'amour de l'égalité n'échappe pas à l'envie. Cette hypothèse trouve une confirmation dans l'avant-propos de *L'Ancien Régime et la Révolution*, écrit plus de quinze ans après. Tocqueville y établit que si les sociétés où l'aristocratie n'existe plus sont condamnées au despotisme, c'est parce que celui-ci favorise le développement des inclinations auxquelles la démocratie est sujette [4]. Autrement dit, s'il est deux amours de l'égalité dans le cœur de l'homme, il n'en est qu'un lorsque les conditions s'égalisent : la passion pour l'égalité ne peut trouver de quoi se satisfaire, elle est intrinsèquement illimitée, elle ne peut pas ne pas se déformer en envie.

Mais il est une autre hypothèse, plus nuancée peut-être, plus attentive à la spécificité du discours tocquevillien sans doute : le risque d'une déformation du désir d'égalité est réel, mais ce n'est qu'un risque, une potentialité dont l'actualisation reste contingente, c'est-à-dire liée à des conditions historiques. C'est ce que l'analyse de la société américaine permet de saisir *: le désir d'égalité n'y est pas séparable d'un désir de communauté, qui le nourrit et le limite à la fois – d'une forme, inédite, de sociabilité.*

C'est une telle hypothèse que je voudrais défendre. Elle exige de comprendre ce qui sépare le désir démocratique d'égalité à la fois de l'envie générale et de l'amour de l'égalité tel que les républiques antiques le concevaient. Elle commande également que l'on ressaisisse la genèse de l'envie générale dans une société où les envies particulières sont modérées. Elle nous amènera à conclure que les mœurs démocratiques individualistes constituent, paradoxalement, le meilleur rempart contre le despotisme.

*
**

Amour de l'égalité, désir d'égalité

Dès l'introduction de la *Démocratie en Amérique*, l'égalité est posée comme un « fait générateur » [5]. L'histoire est mouvement vers l'égalité,

4. *L'Ancien Régime et la Révolution* (désormais AR), in *Œuvres*, III, Paris, Gallimard, Bibliothèque de la Pléiade, 2004, p. 48-49.

5. DA, introduction, p. 3. Sur l'analyse de « fait générateur », voir Pierre Manent, *Tocqueville et la nature de la démocratie*, Paris, Fayard, 1993, p. 15 et s. ; François Furet, « Le

c'est-à-dire vers la démocratie. Il s'agit bien d'un fait et non d'un effet : Tocqueville ne se propose nullement d'en chercher les causes, il en étudie les conséquences sur l'état social. La révolution est irrésistible, et il n'est pas aisé d'en saisir l'origine. Tocqueville se contente de remarquer qu'il s'agit là d'un fait providentiel, que tous les hommes « ont été poussés pêle-mêle dans la même voie », que tous « ont travaillé en commun, les uns malgré eux, les autres à leur insu, aveugles instruments dans les mains de Dieu » [6].

L'égalisation est ainsi un fait historique, universel, durable. Il est un autre fait, posé également comme tel par Tocqueville dans le deuxième volume de la *Démocratie en Amérique* : l'égalité produit l'amour de l'égalité [7]. Pour Tocqueville, une telle proposition n'a pas à être justifiée, il suffit de l'énoncer pour en être convaincu. La question n'est pas de comprendre pourquoi l'égalité est un objet de désir, mais de comprendre pourquoi l'égalité peut être préférée à la liberté [8]. Que l'amour de l'égalité soit un sentiment répandu dans cette forme sociale qu'est la démocratie, Tocqueville en donne deux explications [9].

D'abord, l'égalité forme le caractère de l'époque : vivre en des temps démocratiques, c'est nécessairement préférer l'égalité à la liberté [10]. L'amour de l'égalité ainsi compris est amour de soi : on aime l'égalité parce qu'elle forme ce que l'on est. L'homme démocratique s'aime lui-même, et en conséquence aime ce qui le fait être : l'égalité, c'est-à-dire la démocratie. Claude Lefort le souligne : l'amour de l'égalité ainsi compris est une tendance à persévérer dans l'être [11]. Il faut ajouter que la certitude que l'égalité est un état permanent accroît le désir qu'on a pour elle : « Les hommes ne tiennent [...] pas seulement à l'égalité parce qu'elle leur est chère ; ils s'y attachent encore parce qu'ils croient qu'elle doit durer toujours » [12].

Ainsi, on aime naturellement l'égalité dans les temps démocratiques, d'une part parce qu'on s'aime soi-même, d'autre part parce qu'on s'attache, tant par habitude que par inertie, à ce qu'on croit ne pas devoir

système conceptuel de *La démocratie en Amérique* », préface de *De la démocratie en Amérique*, Paris, GF-Flammarion, 1981, p. 11 et s.

6. DA, introduction, p. 7.

7. DA, II, II, 1, p. 607.

8. C'est le titre de II, II, 1 : « Pourquoi les peuples démocratiques montrent un amour plus ardent et plus durable pour l'égalité que pour la liberté ».

9. Jean-Fabien Spitz a montré que le désir d'égalité, très présent dans la philosophie politique contemporaine, n'était pas toujours parfaitement élucidé. Il a également souligné que Tocqueville a été le premier à prendre en compte la complexité d'un tel désir. Voir *L'amour de l'égalité. Essai sur la critique de l'égalitarisme républicain en France. 1770-1830*, Paris, Vrin, 2000, en particulier p. 15 et s.

10. « L'égalité forme le caractère distinctif de l'époque où ils vivent ; cela seul suffit pour expliquer qu'ils la préfèrent à tout le reste », *ibid.*, p. 609.

11. Claude Lefort, « De l'égalité à la liberté. Fragments d'interprétation de *De la démocratie en Amérique* », dans *Essais sur le politique, XIXe-XXe siècles*, Paris, Seuil, 1986, p. 252.

12. DA, II, II, 1, p. 609.

changer. Mais Tocqueville donne une autre raison d'un tel attachement : « L'égalité fournit chaque jour une multitude de petites jouissances à chaque homme » [13]. Pour tous, les charmes de l'égalité sont sensibles ; tous y ont accès, nul n'en est privé. La passion pour l'égalité est en conséquence « énergique et générale » [14]. Cependant, aucune précision n'est donnée quant à la nature de ces jouissances. Tocqueville se contente de renvoyer à l'évidence de l'expérience démocratique : « pour les goûter, il ne faut que vivre » [15]. Vivre dans l'égalité, c'est jouir. Tocqueville nous conduit ainsi à une sorte de double équivalence : *être dans l'égalité, c'est aimer l'égalité ; vivre en démocratie c'est jouir de la démocratie*. Cette équivalence est une évidence, elle vaut explication : pour l'homme démocratique, l'égalité est un objet naturel de désir et une source permanente de plaisir.

On ne peut pas ne pas être frappé par le contraste entre l'imprécision de Tocqueville dans l'explication de l'amour de l'égalité (comme si Tocqueville, renvoyant à l'évidence de l'expérience, se refusait à faire la généalogie d'un tel désir) et l'importance de cette passion à la fois pour la rationalité de la description que Tocqueville fournit de la société américaine et pour la stabilité de la forme sociale que constitue la démocratie.

En effet, ce qui est décrit dans l'introduction de la *Démocratie en Amérique* comme un fait providentiel devient une réalité anthropologique : la démocratie, c'est-à-dire l'égalité des conditions, est inscrite dans l'affectivité. Si la démocratie, c'est la marche de la nature, c'est parce que l'égalité est pour l'homme démocratique l'objet naturel de son désir – à condition de bien comprendre qu'il s'agit là d'une seconde nature, historiquement constituée [16].

En outre, si le désir de l'homme démocratique, c'est la démocratie (selon des modalités sur lesquelles je reviendrai), alors il y a tout lieu de supposer que celle-ci est une forme *stable* de société. Autrement dit, alors que l'on passe de l'aristocratie à la démocratie [17], on ne passe pas de la démocratie à l'aristocratie : les peuples démocratiques « souffriront la pauvreté, l'asservissement, la barbarie, mais ils ne souffriront pas l'aristocratie » [18]. La démocratie fait naître le désir d'égalité par refus des privilèges, et ce désir interdit tout retour à une société où les conditions sont hiérarchisées.

Cependant, cette stabilité pourrait bien n'être qu'apparente. Car le

13. DA, II, II, 1, p. 610.
14. *Ibid.*
15. *Ibid.*
16. Sur cette constitution d'une seconde nature démocratique, voir Robert Legros, *L'avènement de la démocratie*, Paris, Grasset, 1999, ch. VI, p. 119 et s.
17. « Tous les hommes de nos jours sont entraînés par une force inconnue qu'on peut espérer régler ou ralentir mais non vaincre, qui tantôt les pousse doucement et tantôt les précipite vers la destruction de l'aristocratie », AR, avant-propos, p. 48.
18. DA, II, II, 1, p. 611.

refus devient haine, et le désir d'égalité devient délire : « Les peuples démocratiques aiment l'égalité dans tous les temps, mais il est de certaines époques où ils poussent jusqu'au délire la passion qu'ils ressentent pour elle »[19]. Le désir d'égalité n'est pas une passion simple et figée, il s'intensifie et menace la démocratie elle-même. Dans l'idéal, le désir d'égalité pourrait se confondre avec le désir de liberté. Le régime serait organisé de telle sorte que tous participent au gouvernement et qu'ainsi personne n'empiète sur la liberté de tous. Les hommes « seront parfaitement libres, parce qu'ils seront tous entièrement égaux ; et ils seront tous parfaitement égaux parce qu'ils seront entièrement libres »[20]. Ainsi, l'égalité dans son point le plus extrême se confond avec la liberté. Seulement il est rare qu'on puisse réunir les conditions politiques qui permettent à l'égalité de prendre sa forme la plus complète. Dans les démocraties modernes, l'égalité est civile plutôt que politique. Et les hommes ont pour l'égalité un goût plus fort que pour la liberté. L'intensification du désir d'égalité, transformé en délire, va même jusqu'à éteindre tout désir de liberté : c'est alors au despotisme, qui garantit dans la servitude l'égalité la plus complète possible, que les peuples démocratiques aspirent. *Ainsi, la démocratie comme forme sociale engendre un sentiment qui, dans sa forme paroxystique, est une négation radicale de la démocratie comme régime politique de liberté.*

Ce problème a été largement commenté : il suggère que la pensée de Tocqueville est traversée par une incertitude quant à la nature de la démocratie (puisque si la démocratie est une forme sociale, elle est compatible avec le despotisme, c'est-à-dire avec sa négation politique[21]). Tocqueville avoue lui-même que la question le laisse dans l'embarras, faute d'une connaissance plus étendue de ce que devient, dans une démocratie, le désir d'égalité : car sur cette question, l'histoire n'est d'aucun secours[22]. Cette incertitude se double peut-être d'une hésitation quant à la compréhension du désir d'égalité lui-même : sa déformation en tendance au despotisme est-elle nécessaire ou contingente ? Le désir d'égalité peut-il ne pas devenir ce délire qui fait préférer l'asservissement à l'inégalité ?

---

19. DA, II, II, 1, p. 610.
20. DA, II, II, 1, p. 607.
21. Voir sur cette question les commentaires de François Furet, *Penser la Révolution française*, Paris, Gallimard, 1978, rééd. Folio, p. 231 et s. ; Claude Lefort, « De l'égalité à la liberté. Fragments d'interprétation de *De la démocratie en Amérique* », art. cit., p. 244 ; Pierre Manent, *op. cit.*, ch. I, p. 13 et s.
22. « Quoique la révolution qui s'opère dans l'état social, les lois, les idées, les sentiments des hommes, soit encore bien loin d'être terminée, déjà on ne saurait comparer ses œuvres avec rien de ce qui s'est vu précédemment dans le monde. Je remonte de siècle en siècle jusqu'à l'Antiquité la plus reculée ; je n'aperçois rien qui ressemble à ce qui est sous mes yeux. Le passé n'éclaire plus l'avenir, l'esprit marche dans les ténèbres » (DA, II, IV, 8, p. 850).

Une rapide comparaison entre le premier chapitre de la partie II et les chapitres 6 et 7 de la quatrième partie met en lumière une telle incertitude. Dans celui-là, Tocqueville paraît insister sur la contingence de cette transformation du désir d'égalité en délire égalitaire : il précise qu'« il est certaines époques » seulement où l'envie générale conduit à préférer l'asservissement de tous [23]. Autrement dit, il n'est pas, semble-t-il, dans la nature de la démocratie de sombrer dans le despotisme ; aimer l'égalité, ce n'est pas tendanciellement désirer l'asservissement de tous. L'argument est en quelque sorte anti-platonicien : car Platon, au livre VIII de *la République*, montre que l'homme démocratique porte son esclavage dans son désir. Il ne sait pas faire la différence entre les désirs nécessaires et les désirs non-nécessaires, il ne sait pas résister à ses envies [24]. Ainsi prisonnier de lui-même, il se condamne à la servitude, qu'il redoute pourtant le plus : car pour assouvir ses envies, il se met au service du tyran. C'est ainsi qu'en toute nécessité l'extrême servitude succède à l'extrême liberté [25].

Cependant, dans la quatrième partie du deuxième volume de la *Démocratie en Amérique*, cette contingence n'est plus aussi affirmée. Les hommes démocratiques sont comme « étrangers à la destinée de tous les autres » [26], ils ne se sentent nullement concitoyens, ils ne se sentent nullement dépendre de leur patrie. Ne peut alors que s'élever au-dessus d'eux un pouvoir « immense et tutélaire » [27]. Le lien entre l'individualisme et le despotisme paraît nécessaire, consécutif au retrait sur le privé et au désengagement politique des citoyens. Ce pouvoir tutélaire est désiré parce qu'il « pourvoit à leur sécurité, prévoit et assure leurs besoins, facilite leurs plaisirs, conduit leurs principales affaires, dirige leur industrie, règle leurs successions, divise leurs héritages » [28]. S'ils l'acceptent, autrement dit, c'est parce qu'il garantit de cette manière l'égalité. Doit-on dire en conséquence que le désir d'égalité est *nécessairement* désir de servitude ? Est-ce que l'individualisme peut échapper au despotisme ? Faut-il considérer que Tocqueville a évolué dans son jugement sur la démocratie, et que la réflexion qu'il a menée dans le deuxième volume sur les mœurs démocratiques l'a amené à modifier son appréciation du désir d'égalité [29] ?

23. DA, II, II, 1, p. 610.
24. Platon, *République*, 558c, trad. L. Robin, Paris, Gallimard, Bibliothèque de la Pléiade, p. 1159.
25. *Ibid.*, 560b, p. 1161.
26. DA, II, IV, 6, p. 836.
27. DA, II, IV, 6, p. 837.
28. *Ibid.*
29. Arthur Kaledin suggère une telle interprétation. Voir « Tocqueville's apocalypse : culture, politics and freedom in *Democracy in America* », *The Tocqueville Review*, vol. VII, 1985-1986, p. 3-38, repris dans *Tocqueville et l'esprit de la démocratie*, *The Tocqueville Review / la Revue Tocqueville*, textes réunis par L. Guellec, Paris, Presses de Science Po, 2005, p. 47-102.

Répondre à ces questions, c'est nécessairement s'interroger sur la stabilité de la démocratie, et se demander si une telle forme sociale requiert des correctifs, notamment spirituels, qui maintiennent la liberté en son sein [30]. Et c'est avant tout s'interroger sur ce que Tocqueville entend par « désir d'égalité » : quelle égalité est l'objet du désir démocratique ? Quel type de désir peut prendre l'égalité comme objet ? La réponse à ces questions pose problème.

Pour Tocqueville, l'égalité produit le désir d'égalité. Cependant, rien ne dit que les deux termes de la proposition « égalité » aient la même signification. Rien ne dit que l'égalisation des conditions, fait historique providentiel, produise l'amour de *l'égalité des conditions*. On est même davantage fondé à penser que le désir d'égalité ne peut se satisfaire de l'égalité des conditions sociales c'est-à-dire en définitive de la possibilité offerte à chaque homme démocratique d'occuper différentes places (alors que dans l'aristocratie, les places sont fixées par la naissance) [31]. Car l'égalité des conditions ainsi définie est difficilement un objet de désir, et encore moins un objet de délire. D'une part, une telle égalité est abstraite : elle est notamment cachée par des inégalités sensibles de revenus. D'autre part, elle est formelle : l'égalité possible n'est pas l'égalité réelle [32].

La terminologie de Tocqueville prend en compte cet aspect : *l'amour* de l'égalité (Tocqueville parle également de *goût* ou *d'attachement* [33]) n'est pas le *désir* d'égalité, encore moins la *passion* (ou le *délire*) pour l'égalité. Lorsque Tocqueville parle d'amour de l'égalité, c'est pour désigner cette conséquence de l'amour de soi qui pousse à persévérer dans son être. L'amour de l'égalité se comprend en ce sens comme amour de l'égalité des conditions, c'est-à-dire comme attachement à ce qui nous fait être. Mais le *désir* d'égalité ne peut nullement se comprendre de cette manière. Tocqueville le précise explicitement : « Ce qui attache le plus vivement le cœur humain, ce n'est point la possession paisible d'un objet précieux, mais le désir imparfaitement satisfait de le posséder et la crainte incessante de le perdre » [34]. Si l'on *aime* ce qui nous constitue, on *désire* ce qu'on ne possède pas, ce qu'on croit pouvoir s'éloigner. Entre l'amour de l'égalité et le désir d'égalité, la différence n'est pas

30. Pour Agnès Antoine, la démocratie ne peut durer que si elle corrige par la religion l'individualisme, le matérialisme et l'inquiétude de l'homme démocratique. Voir *L'impensé de la démocratie. Tocqueville, la citoyenneté, la religion*, Paris, Fayard, 2003, p. 143 et s. ; « Politique et religion chez Tocqueville », *The Tocqueville Review*, vol. XVIII, 1-1997, p. 37-46, repris dans *Tocqueville et l'esprit de la démocratie, The Tocqueville Review / la Revue Tocqueville*, *op. cit.*, p. 305-317. Voir également Pierre Manent, *op. cit.*, p. 117 et s.

31. L'égalité des conditions, c'est lorsque « toutes les prérogatives de naissance et de fortune sont détruites, que toutes les professions sont ouvertes à tous, et qu'on peut parvenir de soi-même au sommet de chacune d'elles » (DA, II, II, 13, p. 650).

32. Voir sur ce point Robert Legros, *L'avènement de la démocratie*, *op. cit.*, p. 48 et s.

33. DA, II, II, 1.

34. DA, II, II, 10, p. 641-642.

seulement d'intensité, *elle est de nature* : le désir d'égalité dépasse très largement le seul attachement à l'égalité des conditions, c'est-à-dire à la condition démocratique, il est désir d'égalité *en général*[35]. C'est pour cela qu'il peut devenir passion ou délire : « Chez les peuples démocratiques, les hommes obtiennent une certaine égalité ; ils ne sauraient atteindre celle qu'ils désirent. Celle-ci recule chaque jour devant eux, mais sans jamais se dérober à leurs regards, et, en se retirant, elle les attire à sa poursuite »[36]. Le désir devient délire parce qu'il est en soi insatiable : la moindre différence devient insupportable[37].

Il existe bien deux manières pour l'homme démocratique de se rapporter à l'égalité, qui est objet d'amour ou de désir. Dans le premier cas, il est permis de supposer que le sentiment est stable – pure volonté du même. Dans le second cas, le désir risque constamment de s'intensifier et de se déformer en délire – tendance insatiable vers ce qui est insaisissable. *C'est du désir d'égalité perverti que naît l'envie, qui ne peut trouver satisfaction que dans l'asservissement général.* Mais si Tocqueville semble ainsi distinguer l'amour de l'égalité et l'envie, rien ne permet encore d'affirmer qu'il considère que la société démocratique peut résister à une généralisation de l'envie. Autrement dit, se peut-il que les peuples démocratiques aiment l'égalité sans la désirer ?

Goût du bien-être et frugalité

À cette question, il n'est pas de réponse simple pour une raison essentielle : la démocratie moderne décrite par Tocqueville est le lieu des envies. Il suffit d'une double comparaison avec l'aristocratie d'une part et la démocratie antique d'autre part pour s'en convaincre.

L'homme démocratique est un être de désirs. Il est dans une agitation singulière parce qu'il éprouve un goût naturel pour les jouissances matérielles. Il est secrètement inquiet, sans cesse aiguillonné, sans cesse tourmenté par des envies multiples : « Indépendamment des biens qu'il possède, il en imagine à chaque instant mille autres que la mort l'empêchera de goûter, s'il ne se hâte »[38]. Cette passion pour le bien-être est générale. Lorsque les richesses sont fixées héréditairement, dans les sociétés aristocratiques, ce goût n'est pas aussi exclusif : si l'on aime le

35. Marcel Gauchet a justement montré que l'égalité des conditions, pour Tocqueville, n'est ni l'égalité juridique (l'identité des hommes devant la loi), ni l'égalité économique (c'est-à-dire ce qu'on peut appeler l'égalité réelle). C'est une égalité imaginaire : dans l'esprit des hommes, il ne doit exister aucune dissemblance. Voir M. Gauchet, « Tocqueville, l'Amérique et nous », *Libre,* n° 7, premier semestre 1980, repris dans *La condition politique*, Paris, Gallimard, 2005, p. 305-384, en particulier p. 386 et s.

36. DA, II, II, 13, p. 651.

37. Voir sur cette question l'analyse de François Furet, « Le système conceptuel de *La démocratie en Amérique* », art. cit., p. 31.

38. DA, II, II, 13, p. 649.

bien-être, c'est davantage parce qu'il est une manière de vivre [39]. *Autrement dit, dans l'aristocratie, on aime le bien-être comme on aime l'égalité dans la démocratie : c'est-à-dire comme une manière de persévérer dans son être.* Aussi bien, l'homme aristocratique n'est nullement inquiet. Lorsque les conditions sont égales en revanche, l'excitation est générale. Pour tous, une carrière immense semble s'ouvrir [40]. *C'est dire que l'égalité produit du désir.*

Dans les républiques antiques, le goût du bien-être n'était pas aussi prédominant. Si on aimait l'égalité, c'est parce que l'on vivait dans la frugalité. Montesquieu est sur ce point une source incontestable pour Tocqueville [41]. Raymond Aron commente à ce propos un extrait des papiers préparatoires de *De la démocratie en Amérique* où Tocqueville confronte son interprétation de la démocratie à l'analyse que fait Montesquieu de la vertu dans les républiques antiques [42]. Selon R. Aron, cet extrait est décisif pour la compréhension de la pensée tocquevillienne de la démocratie. Certes, Tocqueville souligne ce qui sépare la démocratie moderne de la république antique : celle-ci est frugale et désintéressée, celle-là est commerçante et intéressée. Mais il existe des éléments communs entre l'intérêt, principe des démocraties modernes, et la vertu, ressort des républiques antiques : Tocqueville insiste notamment, souligne R. Aron, sur la nécessaire discipline morale à laquelle les citoyens, par la vertu comme par l'intérêt bien entendu, doivent se plier. Autrement dit, loin de différencier république antique et démocratie moderne, Tocqueville semble vouloir montrer que ces deux formes de société exigent pareillement une morale stricte.

Cependant, ces conclusions paraissent insuffisantes. Donner à *vertu* le sens de pouvoir moral, comme le fait R. Aron, permet incontestablement d'insister sur la nécessité, dans les démocraties modernes comme dans les républiques antiques, d'une discipline des mœurs. Mais une telle synthèse ne doit pas dissimuler une différence majeure, qui porte moins sur la *nécessité* de la vertu que sur son *fondement*. Dans les républiques antiques, comme le souligne Montesquieu, la vertu est amour de la république, amour de la patrie : « c'est un sentiment et non une suite de connaissances » [43]. L'amour de la patrie conduit à la bonté des mœurs, celle-ci en retour nourrit l'amour de la patrie. Or, l'amour de la république, c'est celui de la démocratie c'est-à-dire celui de l'éga-

---

39. DA, II, II, 10, p. 641 et s.
40. DA, II, II, 13, p. 650. Il est vrai, comme l'a souligné Jon Elster, que l'illusion est grande parce que les désirs et les moyens sont nettement disproportionnés. Voir *Psychologie politique*, Paris, Minuit, 1990, p. 164 et s.
41. Voir André Jardin, *Alexis de Tocqueville. 1805-1859*, rééd. Paris, Hachette, 1984, p. 62 et s., 157, 196 ; Agnès Antoine, *L'impensé de la démocratie*, *op. cit.*, p. 70-76.
42. Raymond Aron, *Les étapes de la pensée sociologique*, rééd., Paris, Gallimard, Tel, 1983, p. 236.
43. Montesquieu, *L'esprit des lois*, V, 2, Paris, Gallimard, Bibliothèque de la Pléiade, 1951, p. 274.

lité, donc de la frugalité : car seule celle-ci permet l'égalisation des conditions de vie. L'envie est limitée : « L'amour de l'égalité, dans une démocratie, borne l'ambition au seul désir, au seul bonheur de rendre à sa patrie de plus grands services que les autres citoyens » [44]. L'envie n'existe qu'au service de la patrie, envers laquelle chacun se sent une dette immense.

Dans la démocratie moderne, l'intérêt bien entendu sert de fondement à la vertu (qui est disposition à l'esprit public) précisément parce que celle-ci ne semble pas pouvoir procéder de l'amour de l'égalité [45]. Une double différence est ainsi remarquable : d'une part, la vertu dans les républiques antiques a un fondement *passionnel*, alors qu'elle a un fondement *rationnel* dans les démocraties modernes ; d'autre part, l'amour de l'égalité dans les républiques antiques ne peut être comparée à l'intérêt bien entendu puisque celui-ci est moins une composante essentielle des mœurs démocratiques qu'une théorie générale défendue par les moralistes américains. Dans le chapitre qu'il consacre à cette question, Tocqueville se propose d'examiner cette doctrine certes répandue, mais qu'il juge « peu haute » [46]. Elle est appropriée au cœur des hommes, « c'est donc principalement vers elle que l'esprit des moralistes de nos jours doit se tourner » [47]. En d'autres termes, l'intérêt bien entendu n'est nullement produit par la démocratie, comme l'est l'amour de l'égalité. En outre, il y a tout lieu de penser que Tocqueville éprouve une certaine méfiance envers une doctrine qui organise les rapports sociaux à partir de l'intérêt individuel. Il l'écrit explicitement : « Il faut donc s'attendre que l'intérêt individuel deviendra plus que jamais le principal, sinon l'unique mobile des actions des hommes ; mais il reste à savoir comment chaque homme entendra son intérêt individuel » [48].

Entre l'amour de l'égalité frugal et holiste des républiques antiques et l'amour de l'égalité matérialiste et individualiste des démocraties modernes, la différence est de nature. C'est dire que les conditions qui empêchent, dans les républiques antiques, que l'amour de l'égalité ne se déforme en envie sont absentes dans les démocraties modernes (l'amour de l'égalité n'est pas confondu avec le patriotisme [49]). Si cette déformation n'est pas nécessaire, ce ne peut être que pour des raisons internes aux mœurs démocratiques, particulièrement à l'individualisme – ce que nous devons montrer à présent.

44. *Ibid.*, V, 3, p. 275.
45. DA, II, II, 8, p. 635 et s. La vertu, ainsi fondée, ne pousse pas « à de grands dévouements », mais à de » petits sacrifices » (p. 637).
46. DA, p. 637.
47. DA, p. 637-638.
48. DA, p. 638.
49. Sur le patriotisme des peuples démocratiques, voir DA, II, III, 24. Les armées démocratiques ne sont pas motivées par l'amour de la patrie mais par l'ambition.

IMITATION ET ENVIE

La démocratie est incontestablement le lieu où les désirs sont nombreux et incessants. Les envies particulières sont multiples, parce que le goût du bien-être est répandu et que les conditions sont égales. Encore faut-il préciser, d'une part que l'homme démocratique aime le bien-être comme tout homme en général [50], d'autre part que le matérialisme de l'homme démocratique est modéré, « honnête » [51]. C'est là une différence sensible avec l'aristocratie : « Lorsque les membres d'un corps aristocratique se tournent ainsi exclusivement vers l'amour des jouissances matérielles, ils rassemblent d'ordinaire de ce seul côté toute l'énergie que leur a donnée la longue habitude du pouvoir » [52]. Dans ce cas, la dépravation des mœurs et le dégoût de la vie publique n'ont pas de limite. Au contraire, une certaine autorégulation du désir de bien-être, donc des envies particulières, se produit en démocratie : « Il n'est pas question d'y bâtir de vastes palais, d'y vaincre ou d'y tromper la nature, d'épuiser l'univers, pour mieux assouvir les passions d'un homme ; il s'agit d'ajouter quelques toises à ses champs, de planter un verger, d'agrandir une demeure, de rendre à chaque instant la vie plus aisée et plus commode » [53]. En démocratie, les désirs sont nombreux mais limités. Si les envies sont molles, elles ne sont pas débauchées.

Il en est de même des ambitions : si elles sont nombreuses, elles ne sont pas grandes [54]. Mais il faut bien distinguer ici la démocratie et la révolution démocratique. Lorsque les barrières sociales s'abaissent tout d'un coup, lors d'une révolution, les ambitions sont grandes, parce que chacun voit devant lui s'ouvrir une carrière jusqu'à présent fermée et croit sentir que le succès sera facile [55]. Lorsque la société démocratique trouve son assise, les grandes fortunes disparaissent, les désirs se proportionnent aux moyens : « les hommes achèvent de se niveler » [56]. Les hommes en viennent à se ressembler, et à vouloir, par désir d'égalité, se ressembler toujours davantage : « Par haine des privilèges et par embarras du choix, on en vient à contraindre tous les hommes, quelle que soit leur taille, à passer au travers d'une même filière » [57].

Faut-il conclure de toutes ces remarques que si la démocratie éveille le désir, celui-ci est modéré et que les envies particulières étant limitées,

---

50. Dans la société aristocratique, les individus aiment également, dans une moindre mesure, les jouissances matérielles. Voir DA, II, II, 10, p. 642.
51. DA, II, II, 11, p. 646.
52. DA, II, II, 11, p. 644.
53. DA, II, II, 11, p. 645.
54. « Il n'y a pas d'Américains qui ne se montrent dévorés du désir de s'élever ; mais on n'en voit presque point qui paraissent nourrir de très vastes espérances » (DA, II, III, 19, p. 759).
55. DA, II, III, 19, p. 760.
56. *Ibid.*
57. DA, II, III, 19, p. 762.

l'envie générale l'est également ? Une telle conclusion serait pour le moins hâtive et risquerait de méconnaître le fonctionnement du désir dans la société démocratique. En effet, ce dernier est moins une *convoitise* de l'objet qu'une *imitation* du sujet. Si l'objet est désiré, c'est moins parce qu'il possède en lui-même une valeur que parce qu'il est désiré par d'autres individus – ce qui lui donne sa valeur. René Girard a montré que le désir ne pouvait pas se réduire à un rapport simple entre un objet désiré et un sujet désirant. La relation est complexe, triangulaire : elle suppose une médiation, donc un médiateur qui indique, malgré lui, l'objet du désir en le désirant [58]. Si le désir par essence est triangulaire, cette triangulation est particulièrement poussée dans les temps modernes : les barrières sociales s'abaissant, les hommes deviennent des dieux les uns pour les autres [59].

Le modèle girardien permet-il d'expliquer la genèse de l'envie dans les sociétés démocratiques telles que Tocqueville les décrit ? On peut raisonnablement le penser [60]. L'envie à l'égard de l'autre précède le désir objectal. En d'autres termes, la logique du désir est celle de l'envie générale : on envie parce qu'on croit les autres plus favorisés, non parce qu'on désire ce qu'ils possèdent. Si le mimétisme fonctionne ainsi, c'est parce que les conditions sont égales. Dans l'ordre social d'Ancien Régime, les différences de conditions empêchent que les individus d'ordres différents s'imitent [61]. En démocratie, l'égalisation crée l'envie, précisément parce qu'elle n'est pas séparable d'un processus d'indifférenciation. Les hommes s'imitent parce qu'ils ne cessent de se ressembler davantage. Louis Dumont a montré que l'égalité est confondue dans les sociétés modernes avec la similitude – ce que Tocqueville a sans doute été le premier à comprendre [62]. Si la mentalité hiérarchique, trait des sociétés traditionnelles, repose sur un principe de différence, l'égalitarisme repose sur l'indistinction des individus. Pour l'homme démocratique, l'égal est le semblable : à ses yeux les citoyens sont des individus. L'égalitarisme est nécessairement individualiste, alors que la mentalité hiérarchique est, selon Louis Dumont, holiste : l'homme démocratique comprend l'humanité comme composée d'atomes qui se conçoivent comme autosuffisants et en tant que tels, semblables. La société est alors perçue comme une association volontaire de monades, absolues et non constituées par leurs relations réciproques. C'est ainsi que se perd, dans

58. René Girard, *Mensonge romantique et vérité romanesque*, rééd. Paris, Hachette, 2004, ch. I.

59. *Ibid.*, ch. II.

60. Voir sur cette question les analyses de Jean-Pierre Dupuy, « Le signe et l'envie », in Paul Dumouchel, Jean-Pierre Dupuy, *L'enfer des choses. René Girard et la logique de l'économie*, Paris, Seuil, 1979, p. 31 et s.

61. « Tocqueville a montré pourquoi les sociétés qu'il dénommait démocratiques sont constamment énervées ; c'est paradoxalement parce qu'elles sont égalitaires qu'elles sont envieuses », id., *ibid.*, p. 49.

62. Louis Dumont, *Homo hierarchicus*, rééd., Paris, Gallimard, Tel, 1979, p. 26 et s.

la modernité, ce que Louis Dumont appelle l'aperception sociologique, c'est-à-dire la reconnaissance par tous les citoyens de leur nature essentiellement sociale [63]. *Ainsi, les individus en démocratie se considèrent comme égaux parce qu'ils se sentent semblables ; ils se sentent semblables parce qu'ils s'estiment autosuffisants – autrement dit parce qu'ils se perçoivent comme des individus.*

L'égalitarisme est ainsi nécessairement un individualisme, constitué par l'illusion d'autosuffisance. C'est sur cette illusion, en définitive, que repose la triangulation mimétique. Pour René Girard, cette illusion est le « mensonge romantique ». Jean-Pierre Dupuy en souligne la dimension tragique : plus la similitude est grande, plus l'imitation est intense ; mais alors les individus modernes sont tout à la fois des modèles et des obstacles les uns pour les autres. Ils sont des modèles parce qu'ils s'épient et s'imitent ; mais ils sont des obstacles, parce que chacun envie l'autosuffisance de l'Autre, qu'il suppose accomplie. Dans son modèle, le sujet voit un être autonome qui n'imite pas, et dont il se met à envier l'autonomie [64]. L'envie est alors infinie, puisque la recherche est vouée à l'échec : si le sujet réussit dans sa quête de l'Autre, il annule la distance entre eux et dans cette proximité son modèle cesse d'être un modèle. Il doit alors, sans plus de succès, changer de modèle, enviant toujours plus et incapable de satisfaire son désir.

Si les désirs dans la société moderne démocratique naissent ainsi par mimétisme, alors on peut comprendre que celle-ci soit condamnée au despotisme, par un « chemin plus long, plus secret, mais plus sûr, vers la servitude » [65] : l'uniformité (l'indifférenciation) nourrit l'individualisme, celui-ci suscite une envie sans limites parce qu'envie de l'Autre – une envie générale dont le terme est inéluctablement la servitude. L'indifférenciation rend possible l'imitation (les barrières s'abaissant, les hommes sont des modèles les uns pour les autres) et en même temps en interdit l'accomplissement (les hommes trop semblables ne peuvent réellement être des modèles les uns pour les autres) ; le désir reste inassouvi, il ne peut en fin de compte trouver de fin que dans un abaissement généralisé, auquel mène inévitablement l'uniformisation et que le despotisme démocratique garantit. En définitive, penser que la démocratie peut échapper à un tel destin, c'est considérer que la « passion mâle et légitime qui excite les hommes à vouloir être tous forts et estimés » peut ne pas devenir le « goût dépravé pour l'égalité, qui porte les faibles à vouloir attirer les forts à leur niveau » [66]. Mais ce serait alors faire erreur sur le fonctionnement réel du désir dans une société où l'égalité est similitude. L'évolution de Tocqueville sur cette question ne

---

63. *Ibid.*, p. 18.

64. Jean-Pierre Dupuy, *op. cit.*, p. 85 et s. ; voir également *Ordres et désordres. Enquête sur un nouveau paradigme*, Paris, Seuil, 1982, p. 125 et s.

65. DA, II, IV, 1, p. 807.

66. DA, I, I, 3, p. 58-59.

serait pas due à l'incertitude qui le travaille quant à la nature du désir d'égalité dans la démocratie moderne, mais à la prise en compte, dans le second volume de la *Démocratie en Amérique,* de la logique des sentiments et des désirs.

Nous sommes ainsi conduits à deux conclusions. D'abord, c'est *l'illusion d'autosuffisance* qui produit la destruction de tout lien (l'individualisme) et le conformisme (le désir d'imitation procède de l'individualisme, il n'existe pas dans une société hiérarchique). Dès lors, l'envie dans une société où règne cette illusion devient nécessairement envie générale, c'est-à-dire haine de toutes les inégalités (y compris les inégalités naturelles), désir ou délire d'égalité qui trouve satisfaction dans la servitude de tous. Ensuite, il faut radicalement inverser la conclusion précédente : on semblait conduit vers l'idée que la modération des envies particulières, en démocratie, modérait l'envie générale. Or, cette conclusion repose elle-même sur une erreur, qui consiste à comprendre l'envie générale à partir des envies particulières. C'est l'inverse qu'il faut faire : penser l'envie en général comme rapport entre les sujets, non entre un sujet et un objet.

Individualisme et sociabilité

Si on change ainsi de perspective, la dérive despotique apparaît-elle comme inéluctable ? Ce qui tendrait à le faire penser, c'est l'inévitable développement de l'individualisme, décrit par Tocqueville, et qui a pour conséquence une uniformisation croissante des individus. Ce qui tendrait à le faire penser, autrement dit, c'est que la société démocratique est infiniment paradoxale : il n'est pas d'amour de l'égalité sans individualisme mais celui-ci, parce qu'il est nécessairement lié à un procès d'uniformisation, condamne cet amour à devenir délire d'égalité, haine générale de toute différence.

Que la société démocratique réunisse les conditions pour un développement inévitable du despotisme, Tocqueville le souligne largement. Il déplore que l'âge démocratique soit celui de l'« universelle uniformité » : « Je promène mes regards sur cette foule innombrable composée d'êtres pareils, où rien ne s'élève ni ne s'abaisse »[67]. Cette uniformité est d'abord intellectuelle : « À mesure que les citoyens deviennent plus égaux et plus semblables, le penchant à croire aveuglément un certain homme ou une certaine classe diminue. La disposition à en croire la masse augmente, et c'est de plus en plus l'opinion qui mène le monde »[68]. L'homme démocratique pense ce que les autres pensent. Il est d'autant plus porté à suivre l'opinion qu'il aime les idées générales :

67. DA, II, IV, 8, p. 851.
68. DA, II, I, 2, p. 521.

et s'il aime les idées générales, c'est parce qu'il ne voit autour de lui aucune différence. Ses égaux sont ses semblables, l'humanité est identique dans toutes les conditions [69]. Aussi, si l'aristocratie présente différence et diversité, la démocratie est monotone : « La variété disparaît du sein de l'espèce humaine ; les mêmes manières d'agir, de penser et de sentir se retrouvent dans tous les coins du monde » [70]. Parce que désormais les hommes se ressemblent, ils peuvent être concurrents les uns des autres : ils s'envient, modérément, parce que les désirs, on l'a souligné, sont proportionnés aux moyens [71]. La rivalité est mimétique. Peut-elle ne pas mener à cette haine généralisée de toute différence, haine d'autant plus vive que les hommes se ressemblent toujours plus ? Tocqueville décrit ainsi cette tension : « La haine que les hommes portent au privilège s'augmente à mesure que les privilèges deviennent plus rares et moins grands, de telle sorte qu'on dirait que les passions démocratiques s'enflamment davantage dans le temps même où elles trouvent le moins d'aliments » [72].

Tel serait l'implacable mécanisme, qui condamne toute démocratie : *la confusion entre égalité et identité, et avec elle la haine de toute dissemblance, sont inévitables lorsque la société est composée d'individus qui se jugent semblablement indépendants les uns des autres et autosuffisants.* L'amour de l'égalité est condamné à une montée paroxystique vers le délire où il en vient à se nier lui-même. La démocratie, dans cette perspective, ne saurait durer : plus les hommes sont égaux, plus ils se ressemblent ; plus ils se ressemblent, moins ils supportent, par envie, les différences.

Pourtant, Tocqueville propose des mesures destinées à préserver la démocratie du despotisme : il faut multiplier les corps intermédiaires (associations civiles et politiques) [73], soutenir la liberté de la presse [74], renforcer l'indépendance du pouvoir judiciaire [75], cultiver les manières que les instincts démocratiques poussent à mépriser, enfin mettre les droits individuels hors d'atteinte [76]. Il les propose non pas parce qu'il s'exagère le pouvoir des mesures purement institutionnelles sur les mœurs mais parce qu'il sait que les mœurs démocratiques fournissent, *dans leur individualisme même*, le meilleur rempart contre le despotisme.

Il faut bien comprendre en effet ce qu'engage l'individualisme. Sa structure est complexe. Jean-Claude Lamberti a montré qu'elle enveloppe à la fois un individualisme social (les hommes sont *de facto*

69. DA, II, I, 3, p. 525.
70. DA, II, III, 17, p. 744.
71. DA, II, III, 19, p. 761.
72. DA, II, IV, 3, p. 813.
73. DA, II, IV, 7, p. 843.
74. *Ibid.*
75. DA, II, IV, 7, p. 844.
76. DA, II, IV, 7, p. 845.

semblables et isolés) et un individualisme intellectuel : ils « se figurent volontiers que leur destinée est tout entière entre leurs mains »[77]. L'individualisme n'est pas l'égoïsme : si Tocqueville prend soin de les distinguer, c'est parce que l'individualisme des peuples démocratiques n'est pas l'individualisme moral[78]. L'égoïsme est « un amour passionné et exagéré de soi-même, qui porte l'homme à ne rien rapporter qu'à lui seul et à se préférer à tout » alors que l'individualisme « est un sentiment réfléchi et paisible qui dispose chaque citoyen à s'isoler de la masse de ses semblables et à se retirer à l'écart avec sa famille et ses amis »[79].

Seulement la distinction est plus complexe qu'il n'y paraît. En premier lieu, s'il est vrai que l'égoïsme, déformation morale de l'amour de soi, et l'individualisme, effet social de l'égalité des conditions, ne peuvent être assimilés, il est également vrai que l'individualisme, lorsqu'il est intense, peut devenir égoïsme : « l'individualisme ne tarit d'abord que la source des vertus publiques ; mais, à la longue, il attaque et détruit toutes les autres et va enfin s'absorber dans l'égoïsme »[80]. Ainsi, les deux sentiments ne sont ni radicalement séparés ni irréductibles l'un à l'autre : l'égoïsme est certes un mouvement passionnel, il n'empêche qu'il s'établit, comme l'individualisme, à partir d'un jugement erroné, d'un « défaut de l'esprit »[81]. Aussi bien, il est tout aussi important de comprendre ce qui sépare ces deux sentiments que ce qui conduit de l'un à l'autre. Cette question est essentielle pour notre réflexion dans la mesure où il y a tout lieu de croire que l'envie procède de l'égoïsme, c'est-à-dire du détachement radical à l'égard des autres.

Or et en second lieu, *c'est précisément ce que n'est pas l'individualisme pour Tocqueville*. S'il est vrai que l'homme démocratique a tendance à se séparer de la masse de ses concitoyens, s'il est vrai qu'il se retranche sur l'espace privé, il est également vrai qu'il ne s'agit là en aucun cas d'une rupture de sa sociabilité – ce qu'est l'égoïsme. L'homme démocratique est éminemment sociable : et s'il l'est, c'est parce qu'il est individualiste[82]. Il faut en effet comprendre les conséquences de l'indépendance des individus : « L'égalité des conditions, en même temps qu'elle fait sentir aux hommes leur indépendance, leur montre leur

77. *Ibid.*, cité par Jean-Claude Lamberti, *La notion d'individualisme chez Tocqueville*, Paris, PUF, 1970, p. 75.

78. Voir Jean-Claude Lamberti, *Tocqueville et les deux démocraties*, Paris, PUF, 1983, p. 220 et s.

79. DA, II, II, 2, p. 612.

80. *Ibid.*

81. *Ibid.* Voir Jean-Claude Lamberti, *La notion d'individualisme chez Tocqueville*, *op. cit*, p. 11.

82. Tocqueville insiste sur la compatibilité des phénomènes : la sociabilité des Américains « n'est point contraire à ce que j'ai dit ci-devant à propos de l'individualisme. Je vois même que ces choses s'accordent, loin de se combattre », DA, II, III, 4, p. 688.

faiblesse ; ils sont libres, mais exposés à mille accidents »[83]. L'homme démocratique est alors porté à rechercher l'entraide, comme il est lui-même disposé à la sympathie : la faiblesse de l'autre suscite un mouvement de compassion, d'autant plus immédiat que chacun sent clairement sa similitude avec tous les autres[84]. La sympathie n'est plus restreinte, comme dans l'aristocratie, aux seuls membres de la caste.

L'individualisme tel que Tocqueville le décrit ne comporte aucune revendication d'autosuffisance. Prendre en main sa destinée, c'est-à-dire savoir que son sort ne dépend plus de celui d'une classe, ce n'est pas nier son appartenance sociale. Si l'égoïsme se traduit par une négation de l'aperception sociologique, l'indépendance ne peut être confondue avec l'illusion d'autosuffisance. L'égoïsme interdit toute association, alors que l'individualisme y prédispose. Les Américains, souligne Tocqueville, ne cessent de s'associer : la faiblesse individuelle est compensée par l'union[85]. La distinction est radicale : *dans les sociétés aristocratiques, les hommes, qui ne sont pas isolés, ne s'unissent pas*[86] ; *ce n'est que dans les sociétés démocratiques individualistes que l'individu peut se sentir lié aux autres* – dans la mesure où il se sent faible et exposé. La démocratie brise la chaîne qui remonte, dans les sociétés aristocratiques, du paysan au roi ; elle « met chaque anneau à part », mais l'expérience de la faiblesse qui en résulte pousse à l'union, sur d'autres fondements que l'appartenance à un ordre ou à une classe. Il faut apprendre à s'unir, comprendre que le sort de chacun exige l'entraide, le dévouement, voire le sacrifice à la chose publique[87]. La démocratie substitue à l'appartenance héritée l'exigence d'une compréhension de soi comme être social ; l'individualisme, qui résulte de l'égalisation des conditions, y dispose parce qu'il traduit l'expérience fondamentale de l'isolement. C'est dire qu'il dispose ainsi à la communauté, c'est-à-dire à « l'art de poursuivre en commun l'objet de leurs communs désirs »[88].

*
**

83. DA, II, III, 4, p. 689.

84. « Quand les rangs sont presque égaux chez un peuple, tous les hommes ayant à peu près la même manière de penser et de sentir, chacun d'eux peut juger en un moment des sensations de tous les autres : il jette un coup d'œil rapide sur lui-même ; cela lui suffit » (DA, II, III, 1, p. 680).

85. DA, II, II, 5, p. 620 et s.

86. « Dans les sociétés aristocratiques, les hommes n'ont pas besoin de s'unir pour agir, parce qu'ils sont retenus fortement ensemble » (DA, p. 622).

87. « Je dois dire que j'ai souvent vu les Américains faire de grands et véritables sacrifices à la chose publique » (DA, II, II, 4, p. 619).

88. DA, II, II, 5, p. 621-622. Les liens dans les sociétés démocratiques ne s'établissent que dans la proximité. Aussi, leur intensité décroît en fonction de la distance qui sépare les individus. Voir sur ce point Daniel Jacques « Tocqueville et le problème de la clôture politique », *The Tocqueville Review*, vol. XIX, 2-1998, p. 201-219, repris dans *Tocqueville et l'esprit de la démocratie*, *The Tocqueville Review / la Revue Tocqueville*, *op. cit.*, p. 357-382.

La déformation de l'amour de l'égalité en envie générale n'est donc pas inéluctable pour Tocqueville dans la mesure où rien ne permet de penser que l'individualisme est égoïsme. Ou plutôt : dans la société américaine, *les effets destructeurs de l'individualisme sont corrigés par la sociabilité qu'il produit.* Détaché de son ordre, le citoyen américain est exposé, par conséquent disposé vers les autres. Le désir de communauté est pour l'envie le correctif le plus puissant, parce qu'il prend racine dans la sensibilité même de l'homme démocratique : il est en effet incompatible avec le désir de nuire à l'ensemble de la société afin de rabaisser chacun. Ce contrepoids est beaucoup plus effectif que l'intérêt bien entendu : celui-ci est équivoque, et n'a aucune prise sur l'affectivité démocratique. C'est ce qui laisse penser que les mesures préconisées par Tocqueville dans l'avant-dernier chapitre ne sont pas de pure forme, qu'elles servent à lutter contre la dérive despotique dans la mesure où elles confortent la possibilité de s'associer et contribuent à la garantie des mœurs.

Si l'amour de l'égalité dans la démocratie moderne n'est pas amour de la patrie – vertu des républiques antiques – il est amour de la communauté fondée sur les sociétés particulières. La sociabilité de l'homme démocratique n'est pas holiste ; celui-ci ne s'identifie pas d'emblée à sa patrie, ses proches ne sont pas ses concitoyens mais ceux avec lesquels il peut organiser des liens de familiarité. Demeure une interrogation : quels sont les facteurs qui transforment l'individualisme en égoïsme ? S'agit-il d'un amour immodéré des richesses, qui viendrait rompre avec la limitation naturelle du matérialisme démocratique ? Mais en ce cas d'où peut naître un tel amour ? Il y a tout lieu de penser que ces questions restent en suspens, que Tocqueville n'y répond pas – soucieux moins de montrer comment l'homme démocratique devient égoïste, replié sur lui-même, sujet à l'envie, que de décrire les passions démocratiques qui, aux Etats-Unis, maintiennent les individus préoccupés par leur sort commun.

Bruno Bernardi

GUERRE, ÉTAT, ÉTAT DE GUERRE :
QUAND SCHMITT LIT ROUSSEAU

La théorie de la guerre est un des objets centraux de la pensée de Carl Schmitt depuis *Le concept de politique* (1927) jusqu'à la *Théorie du partisan* (1962), Au centre de ce parcours, *Le Nomos de la Terre* (1950) lui est tout entier consacré dans la mesure où *nomos* et *polémos* y sont traités comme les deux faces d'un même concept [1]. L'ouvrage s'organise autour d'une thèse centrale : les violences convulsives du XXe siècle résultent de la dissolution de l'ordre global « interétatique et européocentrique » constitué, du XVe au XIXe siècle, autour des deux axes que sont l'organisation de l'Europe sur le principe de la souveraineté des États et l'ouverture du Nouveau Monde à la *prise de terre* [2]. Schmitt désigne cet ordre désormais révolu comme *jus publicum europaeum.* Son mérite essentiel aurait été de circonscrire la guerre :

> *Tout ce que l'humanité a pu élaborer jusque là en matière de ce que l'on appelle droit des gens tient en une seule réalisation, accomplie par les juristes et les gouvernements du continent européen des XVIIe et XVIIIe siècles, et poursuivie au XIXe siècle, à savoir la rationalisation et l'humanisation de la guerre, et à leur tour cette rationalisation et cette humanisation ne consistent pour l'essentiel qu'à circonscrire la guerre européenne sur sol européen en tant que guerre d'État et à la concevoir comme une relation d'État à État, d'armée étatique à armée étatique* [3].

Avec la dissolution du *jus publicum europaeum* auraient été rompues les digues dans lesquelles il avait retenu la guerre en la circonscrivant à la guerre interétatique entre états souverains se considérant réciproquement comme *justi hostes.*

Le Nomos de la Terre se présente donc, en large partie, comme une histoire de la formation et de la dissolution du *jus publicum europaeum* : comme toujours chez Schmitt, cette histoire est histoire proprement dite – celle de figures et moments historiques déterminés – et histoire

1. C. Schmitt, *Le Nomos de la Terre dans le droit des gens du jus publicum europaeum*, trad. de Lilyane Deroche-Gurcel, révisée, présentée et annotée par Peter Haggenmacher, Paris, Puf, 2001. Le texte allemand est cité d'après *Der Nomos der Erde im Völkerecht des Jus Publicum Europaeum*, (3e éd), Berlin, Duncker u. Humbot, 1988.

2. *Le Nomos de la Terre*, *op. cit.*, p. 141.

3. *Ibid.*, p. 151. Cette formulation est donnée pour commentaire d'un propos de Talleyrand.

conceptuelle. De ce dernier point de vue, la place attribuée par Schmitt à Rousseau est marquée par un contraste flagrant [4].

D'un côté, la référence à Rousseau est l'objet d'une forte valorisation : 1° il est crédité de la définition de la guerre qui est au cœur du *jus publicum europaeum* : « La guerre est une relation d'État à État » et le *Contrat social*, à ce titre, est désigné comme référence centrale. 2° Le lieu de la référence est bien celui que cette thèse lui assigne : les deux pages que Schmitt lui consacre occupent le centre de l'ouvrage et correspondent à la définition même du *jus publicum europaeum*. 3° La thèse de Rousseau qui définit la guerre comme rapport entre États est successivement qualifiée *d'universellement connue* et de *novatrice*, en même temps qu'elle représente un aboutissement : elle fait « tomber de l'arbre de l'esprit européen les fruits mûrs d'un effort de réflexion de deux siècles ».

Mais, dans le même temps, cette même référence est dévaluée de la façon la plus brutale : 1° alors que Schmitt consacre des pages entières à l'analyse d'auteurs explicitement donnés pour mineurs, il traite Rousseau de façon expéditive, à une altitude qui confine à la désinvolture. 2° Les louanges mêmes qu'il lui adresse ont quelque chose de contradictoire : le novateur s'avère un épigone et l'on verra qu'il supporte mal la comparaison avec son contemporain Vattel. 3° Surtout, la manière dont Rousseau argumente sa thèse est estimée par Schmitt « décevante » : elle ne serait qu'un piètre « jeu de mots » sur le terme *état*.

Cette ambivalence est en elle-même assez déconcertante pour exiger un examen attentif : comment Schmitt peut-il mettre à la fois Rousseau si haut et si bas ? C'est à esquisser une réponse à cette question que ces quelques pages seront consacrées. Je me propose de montrer que si Schmitt ne rend pas justice aux textes qu'il vise – ce qui est insolite chez lui –, c'est qu'il est mis dans l'incapacité de reconnaître les thèses de Rousseau sur la guerre par les présupposés de sa propre pensée et par la notion même de *nomos de la terre* qui l'organise. Le traitement de Rousseau par Schmitt pourrait, en effet, signaler plus largement un point névralgique pour sa pensée.

– I –

En introduisant la référence à Rousseau dans le *Nomos de la Terre*, Schmitt dissocie d'emblée la portée fondamentale de la thèse qu'il lui attribue et l'argumentation par laquelle Rousseau lui-même la produit, laquelle est d'emblée marginalisée :

> *Quant à la phrase universellement connue de Rousseau, elle figure dans le premier livre de son* Contrat social de 1762 *: « La guerre est une relation d'État à État ». Nous ne comprendrons la genèse de cette formulation dans*

4. *Le Nomos de la Terre,* p. 150-153.

> *l'histoire de la pensée qu'après un aperçu de l'évolution du concept de guerre de la fin du* XVIe *jusqu'à la fin du* XVIIIe *siècle. Ce sera l'affaire du prochain chapitre. Pour le moment examinons seulement la manière dont Rousseau lui-même justifie sa thèse novatrice.*
>
> *Bien sûr nous éprouverons à ce propos une certaine déception* [5].

La thèse, on l'a dit, Schmitt la fait sienne. Plus exactement, il y reconnaît le centre de gravité de ce qu'il appelle le *jus publicum europaeum*. Il en produit en effet la genèse historique dans le chapitre suivant (*Transformation des guerres médiévales en guerres étatiques non discriminatoires*) qui passe en revue, depuis Saint Augustin et Thomas d'Aquin, les œuvres d'Ayala, Gentili, Grotius, Zouch, Pufendorf, Bynkersbock et Vattel. Ce dernier marquera l'aboutissement de l'évolution du concept de guerre par une formule qui, aux yeux de Schmitt, saisit mieux encore que celle de Rousseau l'esprit du *jus publicum europaeum* : « La guerre en forme, quant à ses effets, doit être considérée comme juste de part et d'autre » [6]. Mais, à deux reprises déjà, Schmitt a traité du concept de la guerre dans le *jus publicum europaeum* : dans son second chapitre, à propos de Vitoria [7] et au début du chapitre sur le *jus publicum europaeum* [8]. Pris ensemble, ces trois textes permettent de caractériser ce qui constitue pour Schmitt la doctrine de la guerre dans le *jus publicum europaeum* :

La problématique de la guerre dans l'ordre chrétien médiéval, établit-il d'abord, était gouvernée par la question de la guerre juste. Est juste la guerre qui a une cause juste. L'ennemi est donc défini comme injuste et la guerre est nécessairement dissymétrique. Si l'un des belligérants a une juste cause de guerre, l'autre doit être considéré comme coupable. Il y a donc dans la guerre médiévale une dimension essentiellement pénale. Le *jus publicum europaeum*, montre Schmitt dans un second temps, est la conséquence de ce qu'il est devenu à la fois nécessaire et possible de sortir de cet horizon de représentation.

Nécessaire : les guerres de religion, guerres civiles intra-étatiques et interétatiques (elles sont des guerres civiles européennes), montrent l'abîme dans lequel peut plonger un concept si extensif de la guerre et l'aporie à laquelle conduit une guerre entre chrétiens qui symétrise la dissymétrie. La théorie médiévale de la guerre était incapable de faire face à la réalité des guerres de religion. Plus même, la cause juste devenant cause sainte, la guerre entre chrétiens sera inexpiable. Le *jus publicum europaeum* (les traités de Westphalie en annoncent l'avènement concret) a pour objet premier d'enrayer l'autodestruction de l'Europe chrétienne.

---

5. C. Schmitt, *Le Nomos de la Terre*, *op. cit.*, p. 151.
6. Emer de Vattel, *Le droit des gens*, Londres 1758, Livre III, chap. XII, § 190, p 165.
7. *Le Nomos de la Terre*, p. 122-124.
8. *Ibid.*, p. 144.

Possible : l'émergence de la forme État et celle du principe de souveraineté qui lui correspond – socle du *jus publicum europaeum* – permettent une nouvelle approche de la guerre. Le principe de souveraineté, en faisant du souverain la seule instance légitime de décision de la guerre, commence par renforcer la difficulté : il n'y a plus d'instance supérieure, Rome ou l'Empire, ni *auctoritas* ni *potestas*, qui puisse dire lequel des belligérants mène une guerre juste. Cependant, en liant la souveraineté à la forme État (on passe du souverain à l'État souverain), le *jus publicum europaeum* procure une assise pour résoudre la difficulté : si le souverain et lui seul peut décider de la guerre, il ne peut y avoir de guerre qu'entre souverainetés [9].

Se trouve alors défini un concept beaucoup plus déterminé de la guerre que celui de la seule hostilité, qui ne peut opposer que des états souverains territorialisés : « Est par conséquent juste au sens du droit des gens européen de l'ère interétatique toute guerre interétatique menée sur sol européen selon les règles du droit de la guerre européen par des armées organisées militairement et relevant d'États reconnus du droit des gens européen » [10]. La question de la guerre juste est devenue celle du *justus hostis* ou plutôt des *justi hostes* : il ne s'agit plus de savoir qui a une juste cause de faire la guerre mais qui est fondé en droit à conduire la guerre. À la saisie normative de la guerre médiévale succède une régularisation de la guerre dans le *jus publicum europaeum* : elle ne peut avoir lieu qu'entre États reconnaissant réciproquement leur égale souveraineté. Toute autre forme de conflictualité, ramenée à l'intérieur de l'unité étatique, ne pourra plus avoir le statut de guerre mais celui du brigandage ou tout au plus de la rébellion. Criminalisation de la violence intra-étatique, neutralisation et rationalisation de la violence interétatique, telle est la structure du *jus publicum europaeum*.

C'est au regard de cette genèse et de cette compréhension du *jus publicum europaeum* que Schmitt va être déçu par l'argumentation de Rousseau. La façon dont il la restitue demande a être regardée de près :

> *Le philosophe d'habitude si exigeant, recourt ici à un artifice sidérant et presque simpliste. Il exploite l'ambiguïté immédiate du mot état. On peut écrire ce mot avec majuscule ou avec minuscule, État ou état. Selon Rousseau, la guerre est un état (Zustand), un état de guerre (état avec minuscule). Pour cette raison, en tant qu'état précisément, elle ne saurait exister que d'État à État (État cette fois avec majuscule). Voilà en fait toute l'argumentation. Elle n'est pas sans profondeur, mais on croira à peine qu'elle ait pu connaître un tel succès. Dans la suite, il est affirmé qu'une guerre ne peut d'aucune manière engendrer des relations personnelles, mais unique-*

9. Le principe de souveraineté est simultanément principe du droit politique et principe du droit des gens : Schmitt et Rousseau ont en commun de problématiser cette relation, ils s'opposent par leurs manières de le faire.

10. *Le Nomos de la Terre*, *op. cit.*, p. 144.

> *ment des relations réelles. Pourquoi ? Parce que la guerre est un état (état cette fois de nouveau avec minuscule). L'État comme tel (l'État avec majuscule) ne peut donc avoir comme ennemi qu'un autre État et non des hommes. Le grand problème mondial de la guerre est ainsi réglé en quelques lignes en jouant sur les mots état et État. Ce morceau choisi d'une raison raisonnante est présenté sous le titre* De l'esclavage [11].

Le moins qu'on puisse dire est que le regret exprimé en premier lieu (« le philosophe d'habitude si exigeant ») doit d'abord s'appliquer à la lecture que Schmitt fait du texte de Rousseau ! Il suffit d'ouvrir le *Contrat social* pour l'observer :

– 1° L'indication donnée en dernier lieu, par la mention du titre du chapitre visé, est déterminante. Elle implique le contexte de la discussion : dans ce chapitre, Rousseau discute Grotius et Pufendorf qui voient dans la guerre la source d'une aliénation légitime de la liberté (l'esclavage). Le vainqueur, en droit de tuer le vaincu, pourrait lui faire grâce de la vie en échange de la liberté. Le vaincu, de son côté, pourrait échanger sa liberté contre la vie sauve. Rousseau conteste les deux versions de ce pseudo-contrat : en démontrant que la guerre ne donne aucun *droit* sur la vie des vaincus et que la liberté n'est pas un bien aliénable. Pour établir le premier point, il montre que la guerre ne met pas en rapport la personne des belligérants mais les sociétés (corps politiques) dont ils sont les défenseurs. C'est la vie du corps politique qui est en question (« quelquefois on peut tuer l'État sans tuer un seul de ses membres »), celle des individus n'est impliquée que médiatement (« les particuliers ne sont ennemis qu'accidentellement, non point comme hommes ni même comme citoyens mais comme soldats »).

– 2° L'ordre des arguments est inverse de celui indiqué par Schmitt : ce n'est pas *ensuite* mais *d'abord* que Rousseau affirme que « c'est le rapport des choses et non des hommes qui constitue la guerre » et que l'état de guerre ne peut « naître des simples relations personnelles, mais seulement des relations réelles ». La relation génétique elle-même est inversée par Schmitt : Rousseau ne dit pas que la guerre engendre des relations réelles mais que les relations réelles seules peuvent engendrer la guerre. Cela parce que la guerre, dans la mesure où elle a pour objet de s'emparer d'un territoire et des biens de l'ennemi, suppose l'établissement de la société civile et donc de la propriété. Il n'y a pas de guerre possible « dans l'état de nature où il n'y a point de propriété constante ».

– 3° Loin d'identifier, comme Schmitt, guerre et état de guerre, Rousseau établit comme un point central la distinction de ces notions.

11. *Le Nomos de la Terre*, *op. cit.*, p. 151. Rousseau, *Contrat social*, I, V. Schmitt comme Rousseau usent du terme *réel* dans son acception juridique classique, par opposition à *personnel* : le droit réel concerne les choses.

Cette distinction est mise en œuvre dans le *Contrat social* : l'état de guerre est ce fond sur lequel la guerre éclate, il subsiste dans le rapport des vaincus au vainqueur tant qu'un traité de paix n'a pas conventionnellement réglé leurs rapports. C'est cependant dans un autre texte, le célèbre fragment sur la guerre publié par Dreyfus-Brisac dans son édition du *Contrat social* de 1896, qu'est développée la relation entre guerre, État et état de guerre [12]. Or c'est à cette édition, avant tout réputée pour la richesse de ses appendices, que Schmitt renvoie : il ne pouvait donc ignorer ce texte [13]. Rousseau s'y emploie, contre Hobbes cette fois, à distinguer de la guerre l'hostilité que l'état de nature peut connaître : il peut y avoir des « disputes », des « querelles », « des combats et des meurtres », mais pas de guerre parce que celle-ci est l'actualisation d'un état de guerre « état permanent qui suppose des relations communes » [14]. Tout l'effort de Rousseau en produisant la notion d'état de guerre est de montrer, contre Hobbes, que loin d'être la condition naturelle des hommes, la guerre est celle des sociétés entre elles :

> *Mettons un moment ces idées en opposition avec l'horrible système de Hobbes et nous trouverons, au rebours de son absurde doctrine, que bien loin que l'état de guerre soit naturel aux hommes, la guerre est née de la paix, ou du moins des précautions que les hommes ont prises pour s'assurer une paix durable* [15].

Loin d'être un jeu de mot, la relation entre État et état de guerre est pour Rousseau l'objet d'une thèse fondamentale, corollaire de toute sa pensée politique : la guerre naît de l'état civil et le suppose, elle ne peut avoir lieu qu'entre les souverainetés constitutives des États. Elle est *status belli* et sa définition en découle : « J'appelle donc guerre de puissance à puissance l'effet d'une disposition mutuelle, constante et manifestée de détruire l'État ennemi ou de l'affaiblir au moins par tous les moyens qu'on le peut » [16].

Schmitt semble donc méconnaître l'argumentation propre de Rousseau et lui reprocher une inconsistance qu'il y introduit lui-même. Ne serait-ce pas parce qu'il se méprend sur la thèse même ?

---

12. Edmond Dreyfus-Brisac, édition du *Contrat social*, Paris, Alcan, 1896 : Appendice II, p. 304-316. Ce texte est repris, dans une présentation différente, sous le titre *Que l'état de guerre nait de l'état social* dans OC III, p. 601-612. Il appartient en fait aux *Principes du droit de la guerre* dont nous venons, Gabriella Silvestrini et moi-même de reconstituer le texte dans son unité et son ordre : *Annales J.-J. Rousseau*, t. XLVI, 2005, p. 201-282. Mais il convient ici de s'appuyer sur les textes dans l'état où Schmitt a pu les connaître.

13. Lorsque Schmitt parle du « Contrat social de 1762 », c'est sans doute par opposition avec la première version, le *Manuscrit de Genève*, dont l'Appendice I de Dreyfus-Brisac rendait le texte disponible.

14. Dreyfus-Brisac, p. 305-306 ; OC III, p. 602.

15. Dreyfus-Brisac, p. 315 ; OC III, p. 610.

16. Dreyfus-Brisac, p. 397 ; OC III, p. 607.

– II –

Schmitt crédite Rousseau d'avoir trouvé la formule qui rend compte du concept de la guerre dans le *jus publicum europaeum* : « La guerre est une relation d'État à État ». Mais est-il bien certain qu'il attribue à « cette phrase universellement connue » le sens que lui donne Rousseau ?

Pour Schmitt, le corps d'idées dont cet énoncé est l'emblème a été mieux saisi par Vattel que par Rousseau lui-même. Vattel, en effet, aurait su dégager le lien entre l'idée d'une guerre en forme entre souverainetés s'entre-reconnaissant pour telles et la territorialisation de la souveraineté dont serait porteuse la forme État :

> *Tout ce qui compte en pratique dépend en réalité exclusivement du fait que la guerre est une guerre en forme... Toute 'justice' se ramène à cette 'forme', et sur le plan de la politique pratique cela signifie tout simplement que les guerres menées sur sol européen par des États territoriaux clos contre de semblables États territoriaux également clos, donc des guerres purement étatiques, sont différentes des guerres auxquelles participe un non-État, par exemple des peuples barbares ou des pirates* [17].

Pour Schmitt, qui reconnaît cette conception chez Vattel, c'est la souveraineté territoriale qui fait l'État. C'est parce qu'ils reconnaissent leur souveraineté sur leurs territoires respectifs que les belligérants doivent se traiter comme *justi hostes* et sont tenus entre eux aux règles du droit de la guerre. Le système du *jus publicum europaeum* est donc un *système d'équilibre* résultant du partage exhaustif d'un espace clos, l'Europe, en territoires soumis à des souverainetés qui sont entre elles dans des relations multilatérales telles que chacune est impliquée dans les conflits qui peuvent surgir entre deux quelconques d'entre elles [18]. La guerre ne peut être qu'une relation d'État à État dans un monde, celui du *jus publicum europaeum*, marqué par un double mouvement de territorialisation du politique et de politisation de l'espace. Peut-on discerner une telle structure conceptuelle sous l'énoncé du *Contrat social* ?

Les deux dimensions de la forme et de la spatialisation, il faut d'abord le noter, sont bien présentes chez Rousseau. Pour lui, s'il peut y avoir un droit de la guerre, c'est parce que la nature de la guerre (explicitée par la définition citée plus haut) implique des règles formelles (déclaration de guerre, statut des combattants, protection des biens et des

17. *Le Nomos de la Terre*, p. 166-167.

18. *Le Nomes de la Terre*, p. 167-168. Le système de l'équilibre des souverainetés européennes était une vieille lune que l'Abbé de Saint-Pierre avait critiqué en lui opposant son Système de la société permanente de l'Europe. Rousseau accentue cette critique dans son *Extrait du Projet de Paix perpétuelle* (OC III, p. 569-573) en démontrant que ce prétendu équilibre est en fait *générateur* de guerres récurrentes.

personnes par les belligérants)[19]. On peut également discerner chez Rousseau l'idée qu'un mouvement d'expansion anime tout corps politique, impliquant une tendance à l'appropriation de l'espace. L'existence naturelle des hommes est absolue, celle des États est relative : « L'État, au contraire, étant un corps artificiel, n'a nulle mesure déterminée, la grandeur qui lui est propre est indéfinie, il peut toujours l'augmenter ; il se sent faible tant qu'il en est de plus forts que lui. Sa sûreté, sa conservation demandent qu'il se rende plus puissant que ses voisins »[20].

La présence bien avérée de ces deux thèmes chez Rousseau signifie-t-elle qu'il leur accorde la même signification que Vattel ou Schmitt, et qu'il les articule de la même manière ?[21] On observera d'abord que les règles constitutives du droit de la guerre ne concernent pas tant les rapports des puissances entre elles que ceux d'une puissance avec les membres de l'État qu'il combat. Le *Contrat social* le dit clairement : « les déclarations de guerre sont moins des avertissements aux puissances qu'à leurs sujets » et le prince juste « respecte la personne et les biens des particuliers ; il respecte des droits sur lesquels sont fondés les siens »[22]. De même, la relation entre souveraineté et territorialité est, chez Rousseau, inverse de celle dont est porteur le dispositif schmittien : elle ne va pas de la prise de terre à la sujétion, mais de la subordination des hommes à l'emprise sur les choses. Le principe d'expansion que nous avons signalé n'est pas d'abord pensé en termes de territoire, mais de population. Pour expliquer comment un État tend nécessairement à se rendre « plus puissant que ses voisins », Rousseau souligne (c'est ainsi que se poursuit le texte cité ci-dessus) : « Il ne peut augmenter, nourrir, exercer ses forces qu'à leurs dépends, et s'il n'a pas besoin de chercher sa substance hors de lui-même, il y cherche sans cesse de nouveau membres qui lui donnent une consistance plus inébranlable »[23].

Dans un cas comme dans l'autre, Rousseau ne définit donc pas, comme Schmitt, la souveraineté de l'État par son emprise territoriale, mais par la puissance de faire loi. Aussi bien, pour Rousseau, la conquête territoriale n'est pas le but de la guerre, mais son effet. Le but propre de la guerre c'est de dissoudre l'unité politique qui constitue l'État : « Qu'est-ce donc que faire la guerre à un souverain ? c'est attaquer la

---

19. C'est à établir ces règles qu'est consacré le passage des *Principes du droit de la guerre* intitulé « Distinctions fondamentales ». Dreyfus-Brisac, p. 307-309 ; OC III, p. 607-608 .

20. Dreyfus-Brisac, p. 309 ; OC III, p. 605. Un autre passage exprime la même idée : « De la première société formée s'ensuit nécessairement la formation de toutes les autres. Il faut en faire partie ou s'unir pour lui résister. Il faut l'imiter ou se laisser engloutir par elle » : Dreyfus-Brisac, p. 316 ; OC III, p. 603.

21. Pour une étude de la place de ces idées dans les *Principes du droit de la guerre*, *op. cit.*, voir B. Bernardi, *La Fabrique des concepts, recherches sur l'invention conceptuelle chez Rousseau*, Paris, Honoré Champion, 2006, chap. 5, p. 246-268.

22. *Contrat social*, I, IV, OC III, p. 357.

23. Dreyfus-Brisac, p. 309-310 ; OC III, p. 605.

convention publique et tout ce qui en résulte, car l'essence de l'État ne consiste qu'en cela. Si le pacte social pouvait être tranché d'un seul coup, à l'instant il n'y aurait plus de guerre ; et de ce seul coup l'État serait tué, sans qu'il mourût un seul homme »[24].

Il y a donc tout lieu en effet de penser qu'entre la problématique du *jus publicum europaeum* définie par Schmitt (du point de vue duquel, de fait, Vattel donne la formulation la plus adéquate) et celle de Rousseau il ne peut y avoir de véritable correspondance, parce qu'ils s'appuient sur deux concepts hétérogènes de l'État. C'est de ne pas avoir identifié cette opposition qui rend sans doute Schmitt aveugle au propos effectivement tenu par Rousseau. Mais il me paraît possible de montrer que, loin d'être circonscrite à ce point, en lui-même capital, le déni dont Rousseau semble faire l'objet de la part de Schmitt engage son concept même du *nomos de la terre.*

– III –

La réflexion de Schmitt – il faut commencer par le rappeler – s'inscrit dans un horizon à la fois géopolitique et historico-politique. Le *jus publicum europaeum* constitue la figure centrale du *nomos de la terre,* que nous avons à penser parce que nous sommes les contemporains de son effondrement. Deux axes le structurent.

Le premier, nous l'avons vu, est un ordre politique continental, défini comme ordre interétatique. Les États souverains constituent des ordres intra-étatiques à l'intérieur desquels l'hostilité politique exclut la violence et où la violence est en retour dépolitisée et criminalisée. Ils s'inscrivent dans un ordre interétatique qui neutralise et régularise la guerre : passant d'une problématique de la norme à une problématique de la règle, la guerre est décriminalisée. La première guerre mondiale et la violence révolutionnaire signent à la fois l'effondrement de cet ordre interétatique (la guerre est recriminalisée) et intra-étatique (l'horizon de la guerre civile redevient constitutif du politique). C'est ce que Schmitt cherchera à penser dans sa théorie de la *guerre de partisan.*

Mais le *jus publicum europaeum* se caractérise par un deuxième axe. La découverte du Nouveau Monde est l'événement corollaire des guerres de religion dans la constitution du *jus publicum europaeum.* À l'opposition du « droit des gens préglobal » (antique et médiéval) entre terre ferme, objet de prise territoriale, et mer libre, la découverte de nouvelles terres substitue une nouvelle structure. D'une part, à côté des terres prises (celles de l'espace européen ou assimilé, relevant de souverainetés étatiques) apparaissent des terres libres, offertes à la prise des États

24. Dreyfus-Brisac, p. 308 ; OC III, p. 608.

souverains. D'autre part, la mer devient elle-même objet de prise (et, plus tard, l'air également). La terre entière devient un objet global ouvert à la confrontation des puissances. On passe au droit des gens global. Le *jus gentium* devient *jus inter gentes*.

Le recours à la notion de *nomos* a pour objet de rendre compte de l'unité de ces deux axes et de leur ordre de détermination. Le *nomos* est d'abord division, partage, prise de terre. Le *nomos* de la terre c'est le principe de la prise de possession des terres. Dans un droit des gens global c'est, ni plus ni moins, le partage du monde. Ce n'est qu'en un second sens que le *nomos* est loi, au double sens d'institution de la prise de terre (reconnaissance interétatique des souverainetés) et d'organisation territoriale de la souveraineté (espace intra-étatique de juridiction souveraine). Deux passages du *Nomos de la terre* le montreront sans ambiguïté :

> 1. *Au commencement de l'histoire de tout peuple devenu sédentaire, de toute communauté et de tout empire se trouve donc sous une forme ou sous une autre l'événement constitutif d'une prise de terre. Cela vaut aussi pour le commencement de toute époque historique. La prise de terre précède l'ordre qui en découle non seulement du point de vue logique, mais aussi historique*[25].
>
> 2. *Le* nomos *au sens originel est précisément l'immédiate plénitude d'une force juridique qui ne passe pas par la médiation de la loi ; c'est un événement historique constituant, un acte de légitimité grâce auquel la légalité de la simple loi commence à faire sens ».* Cette vérité du nomos, lisible chez Homère ou Héraclite, occultée depuis Platon et surtout Aristote, la découverte du Nouveau Monde (en obligeant à constituer un nouvel ordre, global, du droit des gens) l'a ramenée au premier plan[26].

Nous sommes amenés ainsi à comprendre que la thèse centrale de Schmitt en matière de droit de gens est isomorphe à celle qui, dans la première partie de son œuvre, structure sa pensée en matière de droit politique : la primauté dans un domaine de la prise de terre est l'exact corollaire de celle de la décision dans l'autre. On ne doit pas s'étonner de voir ainsi Schmitt articuler une conception de la souveraineté qui relève du *dominium* à une autre qui relève de l'*imperium* : de son point de vue, c'est l'objet même de la souveraineté de l'État d'assurer cette articulation. Il y aurait en revanche lieu de se demander si la définition du pouvoir constituant comme décision d'un peuple sur sa propre existence ne porte pas en elle la prévalence dans la pensée de Schmitt du *nomos* sur la décision[27].

25. *Le Nomos de la terre*, p. 53.
26. *Le Nomos de la terre*, p. 77.
27. Cette analyse, de ce point de vue, vient rejoindre ma lecture du chapitre VIII de la *Théorie de la constitution* : B. Bernardi, *Qu'est-ce qu'une décision politique ?*, Paris, Vrin, 2003.

Ces premiers résultats peuvent être éclairés d'un nouveau jour si l'on observe la façon dont, à deux reprises, Schmitt s'appuie sur Locke pour montrer comment le *jus publicum europaeum* se constitue comme *nomos* de la Terre.

Le Nomos de la terre s'ouvre par une série de « corollaires introductifs ». Le premier est une thèse : la terre est la mère du droit, parce que le droit est avant tout ordre territorial. Schmitt rappelle une formule célèbre d'Isidore de Séville : *Jus gentium est sedium occupatio* ; le droit des gens, c'est la prise de terres. Il commente : « Une prise de terres fonde le droit dans une double direction, vers l'intérieur et vers l'extérieur. Vers l'intérieur, c'est-à-dire au sein du groupe qui prend la terre, la première partition et répartition du sol crée le premier ordre de tous les rapports de pouvoir et de propriété... Vers l'extérieur, le groupe qui prend une terre se trouve confronté à d'autres groupes et puissances qui prennent ou possèdent des terres.. » [28]. C'est cette conception que Schmitt reconnaît chez Locke : « Selon Locke l'essence du pouvoir politique consiste en premier lieu en *jurisdiction* sur la terre. Par *jurisdiction* il entend, au sens médiéval, l'autorité et la puissance publiques en général. La prise de possession d'un pays revient pour lui à la soumission à celui qui a la juridiction sur le sol. La domination n'est d'abord que domination sur le pays et seulement par voie de conséquence sur les hommes qui habitent le pays » [29]. En note, il cite le second *Traité du Gouvernement civil* : « Government has a direct jurisdiction only over the Land » [30].

Le second chapitre du *Nomos de la Terre*, évoquant la « prise territoriale du Nouveau Monde », montre que la *jus publicum europaeum* se constitue en donnant le statut de terres libres au nouveau continent, hors de l'espace continental européen. Terres libres, c'est-à-dire ouvertes à la prise de terre. Le Nouveau Monde est le paradigme selon lequel va être pensé l'état de nature, comme cela est explicitement dit par Hobbes. Le Nouveau Monde est un *no man's land*, non parce qu'il est inhabité mais parce qu'il n'est pas l'objet d'un *nomos*, partage et juridiction. C'est alors que Schmitt relève cette proposition de Locke : « In the begining all the world was America » [31]. Il faut entendre clairement que l'état de nature est celui dans lequel la prise de terre et l'institution du droit qui en découle n'ont pas encore eu lieu.

On pourrait sans doute interroger la lecture que Schmitt fait de Locke. Ce n'est pas le lieu de le faire. Pour nous compte surtout, ici, que Rousseau semble avoir fait la même. L'*incipit* on ne peut plus célèbre de la seconde partie du *Discours sur l'origine de l'inégalité* peut, pour

28. *Le Nomos de la terre*, p. 50-51. Je modifie légèrement la traduction et restitue le terme *jurisdiction*, le terme juridiction faisant équivoque en français.
29. *Le Nomos de la terre*, p. 52-53.
30. Locke, *Second Traité du Gouvernement civil*, chap. VIII, § 121.
31. *Le Nomos de la terre*, p. 98 ; *Second Traité du Gouvernement civil*, § 49.

un lecteur un peu rapide, paraîtra très proche de la thèse de Schmitt et de sa lecture de Locke : « Le premier qui ayant enclos un terrain, s'avisa de dire, ceci est à moi, et trouva des gens assez simples pour le croire, fut le vrai fondateur de la société civile »[32]. N'est-ce pas là le geste même de la prise de terre, et n'est-il pas donné pour l'acte fondateur du « premier ordre de tous les rapports de pouvoir et de propriété » ? À y regarder de plus près, non seulement cette identification ne tient pas, mais il apparaît que c'est précisément contre Locke que Rousseau, précisément sur ces points, constitue son propre horizon de pensée :

1° Rousseau ne parle en aucune façon de cette appropriation comme d'une prise de terre collective, celle d'un groupe – comme dit Schmitt –, mais comme d'un acte individuel. Cette différence est porteuse de conséquences déterminantes. Mais, il est vrai, elle oppose plus Schmitt à Rousseau que Rousseau à Locke – à qui Schmitt prête ses propres thèses.

2° Pour Rousseau, ce n'est pas le faire (enclore) ni même le dire (« ceci est à moi »), mais le consentement à cette déclaration, le *croire* de ceux qui se laissent déposséder, qui est le « fondement » de la société civile.

3° Tout l'effort fait par Rousseau pour distinguer la possession de la propriété tend à mettre en évidence que la propriété comme rapport juridique suppose l'institution politique. Loin que la propriété soit la source de la société civile, c'est la société civile qui est la condition de possibilité des rapports de propriété. C'est le sens du chapitre du *Contrat social* intitulé *Du domaine réel.*[33]

4° Enfin et surtout, la thèse que Schmitt relève chez Locke avec beaucoup de pertinence : « le gouvernement n'a de juridiction que sur la terre... et n'atteint son possesseur que dans la mesure où il y réside et en jouit » est précisément celle que Rousseau récuse. Ce n'est pas par la médiation de sa possession que l'on devient membre de la société civile, mais parce que « chacun met en commun sa personne et sa puissance sous la juridiction de la volonté générale » qu'en entrant dans la société civile nous y faisons rentrer nos possessions qui deviennent propriétés[34]. On ne va pas des relations réelles aux relations personnelles, mais inversement, des relations personnelles aux relations réelles.

Le chapitre IX du *Contrat social* l'affirme avec une ironie cinglante, ce sont les modernes qui, par le biais de la théorie de la souveraineté, ont fondé l'autorité politique sur la possession d'un territoire :

> *On conçoit comment les terres des particuliers réunies et contiguës deviennent le territoire public, et comment le droit de souveraineté s'étendant des sujets au terrain qu'ils occupent devient à la fois réel et personnel ; ce qui met les possesseurs dans une plus grande dépendance, et fait de leurs*

32. Second Discours, OC III, p. 164.
33. *Contrat social*, I, IX.
34. *Contrat social*, I, VI.

> *forces mêmes les garants de leur fidélité. Avantage qui ne paraît pas avoir été bien senti des anciens monarques qui ne s'appelant que rois des Perses, des Scythes, des Macédoniens, semblaient se regarder comme les chefs des hommes plutôt que comme les maîtres du pays. Ceux d'aujourd'hui s'appellent plus habilement rois de France, d'Espagne, d'Angleterre etc. En tenant ainsi le terrain, ils sont bien sûrs d'en tenir les habitants.*

Dans une note fragmentaire, Rousseau donne un tour plus conceptuel encore à cette thèse, et désigne comme le propre de la conception moderne de la puissance souveraine ce que Schmitt, sous le titre de *nomos de la terre*, désigne comme un concept originaire qu'il faudrait faire remonter à Pindare [35] :

> *Voilà pourquoi l'autorité des magistrats qui ne s'étendait d'abord que sur les hommes, fut bientôt un droit établi sur les possessions, et voilà comment le titre de chef de la nation se changea enfin en celui de souverain du territoire* [36].

Il est manifeste que Rousseau s'inscrit dans une tout autre logique, point par point, que celle de Locke et de Schmitt. *Ce n'est pas la prise de terre, mais le rapport d'obligation qui est constitutif de l'ordre politique. Ce n'est pas des relations réelles aux relations personnelles, mais des relations personnelles aux relations réelles qu'il faut aller.* Cette genèse de la souveraineté implique un changement dans la nature de la guerre qui devient pour les souverains la prise de territoires. Les points sur lesquels Rousseau se sépare de Locke sont très exactement les mêmes que ceux que Schmitt avait méconnus dans sa lecture de la définition de la guerre par Rousseau. Quatre thèses essentielles, dans un cas comme dans l'autre, sont en jeu. Toutes entrent en conflit avec le concept même de *nomos de la terre* :

1° la distinction de la propriété et de la possession et l'identification de la propriété comme une relation instituée par la société civile,

2° la définition de la souveraineté comme rapport d'obligation, comme relation personnelle et, en un second temps, comme relation réelle,

3° la distinction entre l'hostilité ponctuelle et circonstancielle que l'état de nature peut connaître et l'état de guerre comme rapport civil,

4° la définition de l'état de guerre comme condition naturelle des états entre eux et donc de la paix comme dépassement de la guerre et institution.

---

35. *Le Nomos de la terre*, p. 47-55. Il y aurait lieu de méditer cet étrange renversement qui voit Rousseau insister sur l'historicité du concept de souveraineté, quand Schmitt met son livre entier sous un concept toujours déjà formé du *nomos* comme prise de terre.

36. OC III, p. 488-489. Derathé donne incomplètement l'édition de ces lignes : le ms (Neuchâtel, R 48, frgt 18) permet de voir que Rousseau avait d'abord écrit *empire des chefs* pour *autorité des magistrats*.

Cette rapide esquisse demanderait à être développée et précisée. Elle nous a néanmoins permis de le reconnaître : loin d'être une faiblesse ou une négligence accidentelle, la façon qu'a Schmitt de lire le chapitre IV du *Contrat social* signale ce que l'on pourrait appeler *une incompatibilité constitutive de la pensée de Rousseau avec celle de Schmitt*. Cette incompatibilité porte ici sur la définition de l'État et met en jeu le concept schmittien de *nomos de la terre*. Y a-t-il lieu de s'étonner que ce qui cristallise cette opposition entre Rousseau et Schmitt soit aussi ce qui sépare Rousseau de Locke, ce fondateur du libéralisme politique ? Je n'en suis pas si certain.

François Rivenc

PARADOXE POUR PARADOXE

une critique du « dialéthéisme »

Les logiques dites « paraconsistantes » refusent l'idée que d'une contradiction de la forme A et non-A, on puisse déduire n'importe quel énoncé B [1]. La justification de ce refus est aisée : admettre ce type d'inférence est contre-intuitif. Trouver, ou inventer, une explication de l'invalidité de ce type d'inférence est en revanche moins facile.

L'explication proposée par Graham Priest est particulièrement radicale. Nous devons nous habituer à l'idée que certains énoncés sont à la fois vrais et faux, et donc *paradoxaux* en ce nouveau sens : précisément les énoncés contradictoires, ceux qui étaient communément vécus comme paradoxaux au sens ancien, et donc comme insupportables. Typiquement, le Menteur, l'énoncé qui dit de lui-même qu'il est faux, est à la fois vrai et faux. Telle est la thèse du « dialéthéisme » : la vérité, telle Janus, peut offrir deux visages.

Puisque A peut être à la fois vrai et faux, sa négation non-A aussi. Dans un tel cas, la contradiction A et non-A est vraie (bien qu'elle soit fausse aussi, donc paradoxale). Prenez n'importe quel B faux, et sous une définition plausible de l'implication, vous avez que A et non-A n'implique pas B. Rejet de *Ex Falso Quodlibet Sequitur*.

Dans l'article de 1979 dont on lira ci-dessous une traduction, « The Logic of Paradox » [2], Priest construit un argument sophistiqué en faveur de cette thèse, argument basé sur l'analyse de la situation créée par le premier Théorème d'incomplétude de Gödel. Parmi tous les arguments apportés en faveur de la paraconsistance, c'est certainement le plus intéressant et le plus astucieux. Je voudrais néanmoins montrer qu'il est : 1) lacunaire ; 2) probablement circulaire ; et 3) un cas de *Non Sequitur*. [3]

***

1. Autrement dit, on peut admettre des théories qui soient inconsistantes relativement à la négation, mais non triviales, i.e. absolument inconsistantes. Dans ce qui suit, je parlerai d'inconsistance (tout court) pour l'inconsistance relativement à la négation.

2. PRIEST, G. « The Logic of Paradox », *Journal of Philosophical Logic*, 8, (1979).

3. Je m'inspire en partie dans ce qui suit des remarques critiques de l'article de C. S. CHIHARA « Priest, the Liar, and Gödel », *Journal of Philosophical Logic*, 13, (1984) pp. 117-124.

On peut présenter l'argument de Priest en quatre temps :

1 - Imaginons un système formel S, qui formalise *toutes* nos procédures naïves de preuve, dont celles à l'oeuvre dans les mathématiques, procédures entendues comme des moyens d'aller du vrai-évident au vrai indirectement établi par les dites preuves. Ce système contient certainement le système P de Gödel (disons : l'arithmétique de Peano en second ordre, plongée dans une logique avec types) ainsi que certaines extensions considérées par Gödel, et tombe donc sous le coup du premier Théorème d'incomplétude. Il y a un énoncé *g* écrit dans le langage de P (et donc de S) qui, traduit conformément à l'interprétation attendue du système, « dit de lui-même qu'il n'est pas prouvable ». Cet énoncé, l'énoncé dit de Gödel, n'est pas prouvable formellement dans P, comme Gödel l'a montré (II.2), ni dans S.

2 - Cependant, on peut prouver « par un raisonnement sémantique naïf », que *g* est vrai. En substance, le raisonnement qui établit ce point est le suivant. Soit **g** le nombre-code de Gödel de *g* ; on a montré que *g* = ¬Prov(**g**) n'est pas prouvable dans P, où le prédicat « Prov(x) » exprime la prouvabilité formelle de x dans P. Maintenant, en vertu des équivalences-T de Tarski (qui disent en gros qu'un énoncé est vrai ssi ce qu'il dit est le cas), on a [4] :

¬Prov(**g**) est vrai ssi *g* n'est pas prouvable,

et comme précisément *g* n'est pas prouvable, on a : *g* est vrai, par substitution des identiques (II.3).

Le raisonnement sémantique naïf intervient dans cette preuve de la vérité de l'énoncé indémontrable sous la forme des équivalences-T, qui régissent l'usage du prédicat de vérité.

Priest pense que cette situation est paradoxale : car d'une part *g* n'est pas prouvable dans S, c'est-à-dire n'est pas prouvable *du tout*, puisque S est censé représenter toutes nos procédures de preuve. Et pourtant, il y a une preuve de la vérité de *g*, preuve qui ne devrait pas pouvoir exister.

3 - En fait, c'est que le raisonnement sémantique naïf dont nous avons un exemple en 2 - n'a pas été formalisé dans S. Si maintenant nous ajoutons à S ce type de raisonnement, la situation paradoxale décrite plus haut disparaît, de même d'ailleurs que le résultat de Gödel : car *g* est finalement prouvable (II.6). Cela revient à faire de S une théorie sémantiquement close (i.e. qui contient son propre prédicat de vérité, et les équivalences qui le régissent).

Cela faisant, S est devenue bien sûr une théorie inconsistante, et cela montre que nos procédures naïves de preuve, prises dans leur totalité, sont elles aussi inconsistantes (II.6). C'est ainsi, et les antinomies sémantiques sont des « *facts of life* ».

4. ssi abrège : si et seulement si.

4 - Il faut donc accepter l'idée que les antinomies soient des énoncés à la fois vrais et faux.

***

Deux remarques pour commencer.

Premièrement, un point doit d'emblée être précisé, sur lequel Priest n'est pas absolument clair. De la manière dont il présente la preuve de la vérité de *g* dans son point II.3, il pourrait sembler qu'intervient crucialement la proposition « tout ce qui est prouvable est vrai », pour développer les conséquences de la supposition contrefactuelle : « supposons que *g* soit prouvable ». Et il est exact que Gödel raisonne exactement ainsi dans le sketch de la preuve (la présentation des « Hauptgedanken des Beweises »). Mais c'est pour ajouter dans les dernières lignes de ce même passage introductif :

« La méthode de preuve qui vient d'être exposée peut clairement être appliquée à tout système formel (...) où, deuxièmement, toute formule prouvable est vraie contentuellement (« inhaltlich richtig »). Le propos de la preuve exacte qui suit est, entre autres choses, de remplacer cette seconde assomption par une qui soit purement formelle et plus faible. »[5]

En un mot, aucune assomption concernant le concept de vérité n'est mobilisée dans la preuve purement « métamathématique » que *g* n'est pas prouvable.

Deuxièmement, Priest imagine une sorte d'idéalisation de P, le système formel S, qui ait la triple propriété de formaliser toutes nos procédures informelles de preuve, de mener du vrai reconnu comme tel, au vrai dérivé via des règles correctes, et de conserver les traits cruciaux du système P qui permettent de démontrer son incomplétude. C'est beaucoup demander, et il n'est pas sûr que toutes ces exigences puisent être simultanément satisfaites.

Le théorème de Gödel concerne des théories (des extensions de P) dont l'ensemble des axiomes est décidable. Si l'on prend à la lettre l'idée que nos méthodes de preuve partent de propositions vraies et évidentes, il est plus que douteux que « l'ensemble des évidences » soit décidable, ce qui reviendrait purement et simplement à dire que face à toute proposition, on devrait pouvoir décider si oui ou non elle est évidente (si oui, on la range au nombre des axiomes ; si non, non) ! Priest se débarrasse d'un trait de plume de cette question (II.2). Pourtant, cette considération rend très peu plausible l'idée que le système S soit sujet aux conditions exigées par le théorème de Gödel.

---

5. K. GÖDEL, « Uber formal unentscheidbare Sätze der Principia Mathematica und verwandter Systeme », I, (1931) in *Kurt Gödel, Collected Works*, Vol. I, Oxford University Press, 1986.

De plus, à moins que nos facultés cognitives soient grandement augmentées, et que soit enrichi le champ de l'évidence, il est invraisemblable que l'exigence que S contienne assez d'arithmétique pour exprimer sa propre syntaxe, soit compatible avec la demande que nos preuves informelles partent de l'évidemment vrai. Par exemple, on ne voit pas du tout comment « des faits de base sur l'addition » permettraient de prouver le principe d'induction complète. On sera donc, ou amené à restreindre l'arithmétique respectable à des procédures élémentaires, ou amené à aller chercher dans des axiomes dont « l'évidence » n'est que très indirecte (inductive, abductive, ou liée à la fécondité) les points de départs ultimes des preuves.

Ces considérations pour souligner ce qu'a de hasardeux la supposition de l'existence d'un tel système S, en tant que formalisation supposée de tout le prouvable.

***

Imaginons que le Malin Génie soit derrière certaines au moins de nos procédures de preuve informelles, et que pour cette raison le système S, qui les formalise *toutes*, soit inconsistant. Même l'exigence de partir de l'évidemment vrai peut nous mener au faux et au contradictoire, et cette possibilité ne peut être évacuée (on en a des exemples dans l'histoire). Dans ce cas, il n'est plus possible de prouver que *g* n'est pas prouvable, et l'inconsistance serait là avant toute intervention de la sémantique. Mais alors, la mise en scène proposée par Priest s'effondre : l'idée d'une preuve sans feu ni lieu de la vérité de *g* disparaît. Autrement dit, la nécessité pour laquelle plaide Priest d'intégrer l'inconsistance ne vaut que sous la supposition de la consistance de S. Ce qui m'amène à la question de la circularité de l'argument.

Au bout du compte, il nous faut reconnaître, dit Priest, que notre notion naïve de preuve, sémantique comprise, est inconsistante, ou exige une analyse qui conduit à une théorie inconsistante (II.7). Il faut accepter que le Menteur, par exemple, soit vrai ssi il est faux, soit à la fois vrai et faux (et pas simplement : nous paraisse tel dans une « évidence » trompeuse). Priest pense donc que nous devons conclure qu'il y a des contradictions vraies. Certes elles sont vraies, mais ce sont quand même des contradictions. Il faut donc que la contradiction vienne de quelque part. D'où peut-elle venir ? Des axiomes évidemment vrais, éventuellement sémantiques, ou des règles d'inférence qui leur sont appliquées. Si on regarde du côté de la logique que propose Priest après correction (III.9), il ne semble pas que des règles puissent à elles seules créer des contradictions : celles qui sont seulement « quasi-valides » ne sont incorrectes que dans un environnement déjà paradoxal (il est vrai que cette logique n'épuise pas la totalité des procédures de preuve : *quid* de l'induction arithmétique, ou de l'induction transfinie ?). Comment donc concilier la vérité évidente des axiomes, avec la vérité des contradictions qu'on peut en dériver ? Je ne vois pas d'autre solution que d'admettre tacitement que les axiomes, tout en étant vrais, peuvent également, du moins pour certains d'entre eux, être contradictoires. Bref, la thèse des contradictions vraies n'est compatible avec la description de nos procédures de preuve que sous le présupposé que le contradictoire peut être vrai, et l'argumentation repose alors sur ce qu'elle prétend démontrer.

Inutile de dire que si S est inconsistant, on est ramené à l'hypothèse du Malin Génie. Je crains donc que l'argument exige à la fois l'hypothèse de la consistance de S, et présuppose la thèse que la contradiction peut être vraie.

***

Acceptons la construction de Priest. Intégrons la sémantique, avec ses inconsistances, dans notre système total de preuves. Nous raisonnons, de fait, de manière à tomber sur des antinomies. Que faut-il conclure de cet état de choses ?

Qu'il faut accepter certaines contradictions ? Ou plutôt que dans notre système de preuves, il y a des « vérités évidentes » qui n'étaient des vérités qu'en apparence, et qu'il faut donc réformer notre entendement ? Ordinairement, on a choisi cette seconde voie. Priest nous invite à préférer la première. Pourquoi ce choix révolutionnaire, - abstraction faite du charme des révolutions ? Parce que c'est ainsi que, naturellement, informellement, avant tout contrôle critique, nous raisonnons. Est-ce une bonne raison ? Cela paraît en réalité terriblement conservateur. Et ce n'est évidemment pas un argument rationnel. En fait, Priest ne donne aucune raison pour conserver notre notion naïve de preuve, hormis l'appel aux « *facts of life* ». A ce compte, la guerre aussi est un fait de la vie (Héraclite).

La logique tri-valuée (à la fois vrai et faux joue le rôle d'une troisième valeur de vérité) qu'introduit Priest en III n'est bien sûr pas le seul moyen d'obtenir qu'une contradiction puisse être vraie. On peut aussi modifier les conditions d'évaluation de la négation, en introduisant des points (mondes possibles) tels qu'une négation non-A est vraie en un point ssi A est faux en un autre point lié au premier, tout en n'opérant qu'avec deux valeurs de vérité : A et non-A peuvent alors être simultanément vrais en un point, sans être à la fois vrais et faux. [6]
Pour des raisons conceptuelles, on peut aussi refuser qu'une contradiction implique n'importe quoi, sans avoir à admettre qu'une contradiction puisse être vraie. Il suffit pour, ce faire, de nier que l'implication logique consiste simplement en l'impossibilité de la combinaison : prémisses vraies et conclusion fausse. Une relation de contenu est nécessaire

6. Voir par exemple la sémantique relationnelle de Routley-Meyer, dans F. RIVENC, *Introduction à la logique pertinente*, Paris, P.U.F., 2005.

(implication pertinente).
En bref, il n'y a aucun moyen de passer de l'idée que le système de nos preuves est inconsistant à la thèse que le Menteur est à la fois vrai et faux : *non sequitur*.

***

Naturellement, en montrant que l'argumentation de Priest est fautive, je n'ai pas positivement montré que sa thèse est fausse, ni que le Principe de non-contradiction est vrai. Mais je ne peux ici faire mieux que renvoyer à Aristote :
« Il est absolument impossible de tout démontrer (...). Il est cependant possible d'établir par réfutation l'impossibilité que la même chose soit et ne soit pas, pourvu que l'adversaire dise seulement quelque chose. » [7]

7. ARISTOTE, *Métaphysique*, Tome I, Γ, 4. Trad. fr. par J. Tricot, Vrin, 1953.

Graham Priest

LA LOGIQUE DU PARADOXE

Oui, je le prédis dès maintenant : on en viendra à des recherches mathématiques sur des calculs contenant une contradiction et au fond on tirera vanité de s'être émancipé de la non-contradiction.
Wittgenstein. [1]

0 INTRODUCTION

Le but du présent article est de suggérer une nouvelle façon de traiter les paradoxes logiques. Au lieu d'essayer de les dissoudre, ou d'expliquer ce qui allait mal, nous devrions les accepter et finir par apprendre à vivre avec. Les Sections I et II développent ce point. Pour des raisons évidentes, cela requerra l'abandon, ou au moins la modification de la logique « classique ». Une façon de faire cela est suggérée dans la Section III. Les Sections IV et V discutent quelques implications de cette approche des paradoxes.

I PARADOXES

I.1. Les paradoxes logiques (qui sont normalement subdivisés en paradoxes relatifs à la théorie des ensembles comme celui de Russell et en sémantiques comme celui du menteur) sont à présent en circulation depuis longtemps. Pourtant aucune solution n'a été trouvée. Il est vrai que le paradoxe du menteur, qui est connu depuis plus de 2000 ans, a souvent été ignoré comme étant une trivialité indigne de considération sérieuse. (Quoique des logiciens médiévaux comme Buridan ne l'ont nullement considéré ainsi.) Cependant, durant les trois derniers quarts d'un siècle, il y a eu probablement plus de travail intensif fait pour essayer de trouver une solution aux paradoxes logiques que pour n'importe quel autre

1. Le texte se situe dans la deuxième appendice de l'édition française, qui constitue un extrait des notes sténographiques prises par F. Waismann sur les propos et conversations de Wittgenstein entre décembre 1929 et septembre 1931. L. WITTGENSTEIN, *Remarques philosophiques*, éd. posthume due à Rush Rhees, trad. fr. Jacques Fauve, Gallimard, 1975, (rééd. de 1984), p. 318, 1930. Voir *Philosophical Remarks*, Blackwell, 1964, p. 332, pour le texte que cite Priest. [NDT].

sujet dans l'histoire de la logique. L'appel de ceux qui ont essayé de trouver une solution fait penser à une liste d'honneur de logiciens. Jusqu'ici, aucune solution largement acceptée n'a été trouvée.

I.2. Bien sûr, nous savons comment éviter les paradoxes formellement. Nous pouvons éviter les paradoxes sémantiques par ex., par une hiérarchie de métalangages à la Tarski, et ceux de la théorie des ensembles, par ex. par la distinction classe/ensemble de von Neumann. Mais ce ne sont pas des solutions. Un paradoxe est un argument avec des prémisses qui paraissent vraies et des étapes qui paraissent valides, qui néanmoins se termine par une conclusion qui est fausse. Une solution nous dirait quelle prémisse est fausse ou quelle étape est invalide ; mais en plus elle nous donnerait une *raison indépendante* de penser que la prémisse ou l'étape est erronée. Si nous n'avons pas d'autre raison de rejeter la prémisse ou l'étape que le fait que cela bloque les conclusions, alors la « solution » est *ad hoc* et n'éclaire rien. Virtuellement toutes les « solutions » connues aux paradoxes échouent à ce test et c'est pourquoi je dis que jusqu'ici aucune solution n'a été trouvée.

I.3. Cet échec massif de la part de la communauté logique suggère qu'essayer de résoudre les paradoxes n'est peut-être pas la bonne chose à faire. Supposons que nous arrêtions de nous prendre la tête en vain à essayer de trouver une solution, et que nous acceptions les paradoxes comme des faits bruts. C'est-à-dire, certains énoncés sont vrais (et seulement vrais), certains faux (et seulement faux), et certains vrais et faux à la fois ! (« Cet énoncé est faux » et « L'ensemble de Russell s'appartient à lui-même » sont des exemples paradigmatiques de tels énoncés paradoxaux). Bien sûr, cela requiert d'abandonner la maxime d'Aristote « Le plus ferme de tous les principes est qu'il est impossible pour la même chose d'appartenir et de ne pas appartenir à la même chose au même moment et sous le même rapport » (*Metaphysique* Γ, 3(1005*b* 19-23)). Toujours est-il que tout progrès suppose qu'on se sépare de la tradition d'une manière ou d'une autre.

II La clôture sémantique

II.1. Si mon argument pour accepter les paradoxes était simplement que personne ne les a encore résolus, alors ma position, bien que plausible, ne serait pas très tentante. Cependant, je crois qu'il y a des raisons théoriques pour lesquelles les paradoxes doivent être acceptés ; autrement dit, si nous en venons aux prises avec la notion de prouvabilité mathématique (dans le sens naïf).

II.2. Une preuve, au sens des mathématiciens (et non des logiciens) est ce processus par lequel nous établissons que certaines affirmations mathématiques sont vraies. En d'autres termes, supposons que nous ayons une affirmation (pour être précis, disons une affirmation arithmétique) dont nous voulions établir la vérité. Nous en recherchons une preuve ou une réfutation (i.e., une preuve de sa négation). Mais une preuve à partir de quoi ? Vraisemblablement à partir d'autres affirmations dont nous savons qu'elles sont vraies. Nous pouvons, bien sûr, demander comment nous avons su que ces affirmations étaient vraies, et c'est peut-être parce que nous en avons des preuves. Cependant, sous peine d'une régression infinie, on ne peut pas continuer à faire cela indéfiniment. Tôt ou tard, nous devons arriver à des affirmations dont nous savons qu'elles sont vraies sans preuve, où la question de la preuve, pour ainsi dire, ne se pose plus. Ce sont les axiomes dans le sens traditionnel : des vérités évidentes. (Pourquoi sont-elles évidentes, je n'ai pas besoin d'entrer dans ce débat. Il suffit qu'il doive y avoir de telles choses). Dans le cas présent, ce sont vraisemblablement des faits concernant les nombres, comme le fait que tout entier a un successeur différent de tout ce qui précède, ou des faits élémentaires sur l'addition. Ce sont les sortes de choses qui deviennent familières aux enfants quand ils apprennent à compter et à faire de l'arithmétique. (On peut, bien sûr, attendre des « preuves » de ces axiomes dans un système fondationnel comme les *Principia Mathematica*. Cependant, ces « preuves » ne sont pas des preuves dans le sens qui nous concerne – des moyens d'en venir à savoir que les choses prouvées sont vraies.)

Ainsi nous voyons que nous établissons les affirmations mathématiques, si elles ne sont pas des axiomes, en les prouvant (dans le sens naïf) à partir de ces axiomes. Tout cela semble évident au point d'être banal. Cependant, cela nous conduit tout droit à un problème majeur. Car il semble qu'il n'y ait aucun doute que cette procédure puisse être formalisée. Les axiomes pourraient, en principe, être écrits dans un langage formel et les preuves présentées comme des preuves formelles. Le système formel qui en résulterait encoderait nos méthodes naïves de preuves. De plus, il semble qu'il n'y ait pas de raison de douter que toutes les fonctions récursives soient représentables dans le système. Car certainement toutes les fonctions récursives sont définissables au sens naïf. Cependant, selon le théorème d'incomplétude de Gödel, dans n'importe quel système formel de ce genre, il y aura des énoncés qui ne sont ni prouvables, ni réfutables – du moins si cet ensemble d'axiomes est décidable. Si c'était tout ce qu'il y avait à dire sur le théorème de Gödel, le résultat serait peut-être surprenant, mais pas particulièrement inquiétant. L'incomplétude du système formel montrerait simplement qu'il y a des problèmes mathématiques à résoudre au-delà des capacités de nos procédures de preuves. Mais ce n'est pas tout. Car on peut *montrer* la vérité de ces énoncés non prouvables, i.e. on peut les prouver au sens naïf. Mais le système formel était construit de telle façon qu'il encodait nos méthodes de preuves informelles. Donc il ne peut y avoir de telle preuve. Le théorème de Gödel présente un problème épistémologique qui n'a jamais été directement affronté. Quelle peut en être la solution ?

Une isssue au problème est d'accepter que l'ensemble des axiomes ne soit pas récursif. Ainsi, si l'on accepte la thèse de Church, il n'y aurait pas de moyen effectif de décider si quelque chose est évident ! C'est évidement inadmissible. Une autre possibilité est que nos procédures naïves de preuves ne soient pas formalisables. Cela semble invraisemblable, bien qu'on puisse faire valoir le point ainsi. Gödel [2] a suggéré que nous pouvons de temps en temps augmenter notre stock d'axiomes en en ajoutant un qui a un support inductif (au sens où il implique beaucoup de choses que l'on sait vraies et rien qui soit connu comme faux). Dans ce cadre nous pouvons supposer que nos méthodes naïves de preuves à un certain moment, disons *t,* peuvent être formalisées par un système *S*. Cependant, il peut arriver à un moment postérieur que, pour encoder nos procédures naïves de preuves, nous ayons besoin d'un autre système *S'* formé à partir de *S* en ajoutant à ses axiomes un énoncé *A* à partir duquel on peut prouver (dans *S*') un certain nombre de choses vraies et rien de faux. Quelle que soit la plausibilité de cet exposé, cela ne résoud pas le problème. Car considérons un des énoncés qui est indépendant de *S*, mais informellement prouvable. Alors il est déjà prouvable à *t*. Nous n'avons pas à rassembler de manière inductive des éléments en sa faveur, pour voir s'il devrait être ajouté aux axiomes de *S*. Il peut être établi déductivement par des moyens déjà disponibles. Par conséquent le problème apparaît maintenant relativement à nos méthodes de preuves naïves au temps *t*.

II.3. Nous n'avons donc pas trouvé de solution au problème. Cependant la suggestion de Gödel soulève la question, de savoir comment exactement se fait-il que nous soyons capables de prouver ces énoncés indépendants. C'est cela que nous allons maintenant examiner. Nous verrons que cela fournira une réponse au problème.

Supposons que *P* soit le système formel qui encode notre capacité naïve de preuve (peut-être à un certain moment) et soit *g* (le nombre-code de) l'énoncé de Gödel :

$$\neg\exists x \ \mathrm{Prov}(xg)$$

où Prov(xy) est le prédicat primitif récursif « x est le code d'une preuve (dans P) de l'énoncé y ». Maintenant, g n'est pas prouvable dans P, et cela peut être prouvé purement syntaxiquement. Cependant, la

2. K. GÖDEL, « What is Cantor's Continuum Problem », *American Mathematical Monthly* (1947), 54, pp. 515-525. Réimprimé dans P. BENACERRAF et H. PUTNAM (éds.), *Philosophy of Mathematics*, Blackwell, 1964. Trad. fr. dans J. LARGEAULT (éd.), *Intuitionnisme et théorie de la démonstration*, Vrin, 1992, pp. 514-531.

question n'est pas comment on montre que g est indépendant, mais comment on montre que g est vrai. Car on *peut* montrer que g est vrai. D'habitude, on dit (d'un geste) que g « exprime sa propre non-prouvabilité » et est donc vrai. Quand cette indication plutôt vague est articulée précisément, on obtient l'argument suivant.

(1) $\exists x \, \text{Prov}(xg) \Longrightarrow \ulcorner \exists x \, \text{Prov}(xg) \urcorner$ est vraie.
(2) $\Longrightarrow g$ est prouvable
(3) $\Longrightarrow g$ est vraie
(4) $\Longrightarrow \neg\exists x \, \text{Prov}(xg)$
Donc $\neg\exists x \, \text{Prov}(xg)$

L'étape (2) dépend du fait que « Prov » représente vraiment la relation de prouvabilité. L'étape (3) dépend du fait que tout ce qui est prouvable dans P est vrai. Les étapes (1) et (4) résultent du biconditionnel de Tarski $T\ulcorner\psi\urcorner \leftrightarrow \psi$ (où $\ulcorner\psi\urcorner$ est le code de ψ).

Or, le point important à noter à propos de ce raisonnement est qu'il exige un *détour* essentiel par le métalangage de P. L'utilisation de la notion de vérité, ses propriétés, et sa relation à la prouvabilité sont essentiels à la preuve. On ne peut pas prouver g dans P, mais on peut le prouver dans le métalangage de P.

II.4. Ainsi, nous voyons que notre notion naïve de preuve semble dépasser la notion axiomatique de preuve précisément parce qu'elle peut opérer avec des notions sémantiques. Bien sûr, on peut formaliser la sémantique axiomatiquement mais alors on peut naïvement raisonner à propos de la sémantique d'un *tel* système. Tant qu'une théorie ne peut pas formuler sa propre sémantique elle sera incomplète au sens de Gödel, i.e., il y aura des énoncés indépendants de la théorie dont nous pouvons établir la vérité par un raisonnement sémantique naïf.

II.5. Que se passe-t-il, cependant, si nous prenons une théorie sémantiquement close ? (Une théorie est sémantiquement close si elle peut formuler sa propre sémantique.) Si elle est sémantiquement close, il n'y a rien qui puisse nous empêcher d'utiliser le raisonnement de la Section II.3 dans le système lui-même. Par exemple, considérons la théorie PS suivante. Le langage de PS est celui de l'arithmétique de Peano avec en plus le prédicat à deux places « $\text{Sat}(x, y)$ ». (Intuitivement, cela sera lu « la suite (finie) x satisfait la formule avec le nombre-code y ».) Nous pouvons coder les notions de formule, de $i^{ème}$ variable, de suite finie de nombres, de $i^{ème}$ membre d'une suite, de longueur d'une suite, de la façon ordinaire. Les axiomes de PS sont alors ceux de l'arithmétique de Peano plus toutes les instances du schéma de satisfaction de Tarski :

$(\forall x)(x$ est une suite finie suffisamment longue $\rightarrow$ (Sat($x \ulcorner\psi\urcorner) \leftrightarrow \psi'$))

où ψ' est ψ avec toutes les variables libres « v_i » dans ψ remplacées par x_i (le $i^{ème}$ membre de la suite x) et « x est suffisamment longue » est « $(\forall i)$ si la $i^{ème}$ variable apparaît libre dans ψ alors la longueur de x est plus grande que i ». (Une autre manière de faire est de remplacer ce schéma par un nombre fini d'axiomes : un pour chaque prédicat atomique de PS –y compris « Sat »– et un pour chaque fonction de vérité et quantificateur. Pour les détails de ces sortes de constructions voir Hilbert et Bernays [3]. Toutes les instances du schéma de satisfaction seraient alors prouvables.) Maintenant PS est clairement sémantiquement close et nous pouvons exécuter la sorte de raisonnement que nous avons utilisée dans la Section II.3 pour prouver $\neg\exists x$ Prov(xg) *dans PS elle-même* (où « Prov » est maintenant le prédicat de prouvabilité de PS).

II.6. Nous sommes maintenant en position de résoudre le problème posé dans la Section II.2. Nous avons vu que le problème se pose parce que nous pouvons établir la vérité d'énoncés qui ne sont pas prouvables dans quelque système particulier. Nous voyons maintenant que le problème est évité en utilisant une théorie formelle sémantiquement close. Car le raisonnement qui est utilisé pour montrer que cette sorte d'énoncé est vrai peut être représenté *à l'intérieur* d'une théorie sémantiquement close. Bien sûr, cela montre aussi que la preuve de Gödel de l'existence d'énoncés indépendants échoue. Car le raisonnement donne une preuve de l'énoncé « indépendant » dans la théorie. Qu'il y ait ou non des énoncés indépendants est un sujet auquel je reviendrai dans la Section IV.13.)

Nous pouvons bien nous demander où exactement il y a une erreur dans la preuve de Gödel. L'endroit n'est pas difficile à localiser. Car, bien sûr, sa preuve ne fonctionne que si la théorie en considération est *consistante.* Il est bien connu que les théories closes sémantiquement sont inconsistantes. (Voir, p.ex., Fraenkel Bar-Hillel et Levy [4]. C'est de cette façon que le résultat de Gödel est évité.

Nous avons vu que la manière d'éviter le problème –en fait, la seule manière raisonnable [5] – est d'accepter que la formalisation correcte de nos méthodes de preuves naïves soit une théorie sémantiquement close et inconsistante. En fait, n'importe quelle analyse formelle de nos mé-

3. D. HILBERT et P. BERNAYS, *Grundlagen der Mathematik*, Vol. II, Springer Verlag, 1939, pp. 334-335.

4. A. FRAENKEL, Y. BAR HILLEL, A. LEVY, *Foundations of Set Theory*, North Holland, Amsterdam, (1973), p. 312.

5. C'est cette affirmation qui sera précisément critiquée par C. S. CHIHARA « Priest, the Liar, and Gödel », *Journal of Philosophical Logic*, 13, (1984), pp. 117-124. Voir la présentation [NDT].

thodes naïves de preuve doit utiliser une théorie sémantiquement close et inconsistante ou être inadéquate.

A ce point on peut objecter qu'il est impossible qu'une théorie inconsistante puisse codifier nos procédures naïves de preuves. Car dans une théorie inconsistante tout est prouvable. Cependant, cette objection présuppose que la logique sous-jacente soit « classique ». Cela sera rejeté dans la Section III.1. Le fait qu'il y ait des preuves « classiques » pathologiques (en utilisant, p. ex., la règle $(A \wedge \neg A)/B$) de n'importe quoi dans une théorie inconsistante montre justement que la logique des preuves naïves n'est pas classique.

II.7. Cependant, le fait qu'une théorie sémantiquement close est inconsistante est important. Car, en fait, les inconsistances engendrées par la clôture sémantique sont précisément les antinomies sémantiques. Depuis Tarski [6] il est clair que la clôture sémantique engendre les paradoxes sémantiques. C'est donc là l'argument théorique auquel je faisais référence dans la Section II.1 pour en arriver à accepter certaines contradictions. Car n'importe quelle analyse acceptable de notre notion naïve de preuve requiert l'utilisation d'une théorie sémantiquement close et par conséquent inconsistante. Et donc n'importe quelle analyse adéquate de la notion naïve de preuve nous forcera à accepter les antinomies comme des faits de la vie.

II.8. Quoique bien des choses que j'ai dites dans cette Section soient techniques, l'esprit en est facile à saisir. Le logicien formel est essentiellement un mathématicien appliqué. C'est son métier de construire des systèmes mathématiques qui modélisent (dans le sens du physicien, pas du logicien) quelque phénomène naturel. Le phénomène qui intéresse particulièrement le logicien, est le raisonnement normal (naïf) mis en œuvre dans le langage naturel. (Après tout, les mathématiciens utilisent des langages ordinaires (non formels) –même s'ils sont enrichis par certains termes techniques– et des raisonnements ordinaires). Et les systèmes mathématiques que le logicien utilise sont des langages formels, des sémantiques mathématiques, etc...

Or c'est une opinion standard due à Tarski que les langages naturels à la fois sont sémantiquement clos et contiennent des paradoxes. Comme il le dit :

> Si nous voulons maintenir l'universalité du langage de tous les jours en liaison avec les recherches sémantiques, nous devons, pour être consistant [*sic* !] admettre dans le langage,

6. A. TARSKI, « Der Wahrheitsbegriff in den formalisierten Sprachen », *Studia Philosophica*, (1936), 1, pp. 266-405. Réimprimé en anglais dans *Logic Semantics and Metamathematics : Papers from 1923 to 1938.*, Oxford U.P., 1956. Trad. fr. dans G.-G. GRANGER, *et al., Alfred Tarski. Logique, sémantique, méta-mathématique, 1923-1944*, 2 vol., Paris, Armand Colin, 1974.

> en plus de ses énoncés et autres expressions, aussi les noms de ces énoncés et expressions, et des énoncés contenant ces noms, aussi bien que des expressions sémantiques comme "énoncé vrai", "nomme", "dénote", etc... Mais c'est probablement exactement cette universalité du langage de tous les jours qui est la source fondamentale de toutes les antinomies sémantiques, comme les antinomies du menteur et des mots hétérologiques.[7]

C'est un point de vue que je fais mien. (En fait, j'ai soutenu ailleurs[8], que toutes les antinomies logiques sont dues à la clôture sémantique. Mais c'est une autre histoire.) Par conséquent, bien qu'une théorie formelle non sémantiquement close puisse être un modèle adéquat pour certains buts limités, une théorie formelle sémantiquement close –avec des paradoxes– est requise en général.

III La logique du paradoxe (LP)

III.1. Dans les deux Sections précédentes j'ai soutenu que nous devrons apprendre à traiter des systèmes contenant des contradictions. Si nous avons à faire cela, nous devrons renoncer à la logique « classique ». Car les contradictions ont une horrible façon d'infecter les théories classiquement formalisées. La population entière des énoncés mathématiques se trouve frappée par la contradiction, ce qui les rend inaptes au travail. Cependant, si nous pouvons isoler les paradoxes et les empêcher de contaminer tout le reste, tout ira bien. Dans cette Section, je vais construire une telle logique. Cependant, j'aimerais insister sur le fait que les arguments des deux Sections précédentes sont indépendants du destin de la logique construite. Même si elle s'avère insatisfaisante pour quelque raison, les considérations précédentes tiennent toujours bon.

III.2. En fait, des systèmes qui ne sont pas ruinés par les contradictions sont déjà apparus dans la littérature. Routley[9] et da Costa[10] ont tous deux soutenu que de telles logiques nous permettraient d'étudier des théories inconsistantes, mais non triviales. Cependant, aucun des systèmes proposés n'a la sémantique simple et intuitivement plausible de

7. A. TARSKI, « The Semantic Conception of Truth and the Foundations of Semantics », *Philosophy and Phenomological Research* 4, (1944) pp. 341-376. Réimprimé dans L. LINSKY (éd.), *Semantics and the Philosophy of Language*, University of Illinois, 1952.

8. G. PRIEST, « Type Theory in which Variables Range Over Predicates », Ph.D. thesis, University of London, (1974), Chapitre 5, Section 1.

9. R. ROUTLEY, « Ultralogic as Universal », *Relevance Logic Newsletter*, (1977), 2.

10. N. da COSTA, « On the Theory of Inconsistent Formal Systems », *Notre Dame Journal of Formal Logic* (1974) XV, pp. 497-509.

LP. Car outre qu'elles motivent la construction d'une telle logique, les Sections précédentes suggèrent en fait un moyen de le faire. Ceci assure que la logique a une sémantique très intuitive.

III.3. La logique classique erre en assumant qu'aucun énoncé ne peut être à la fois vrai et faux. Nous voulons corriger cette assomption. Si un énoncé est à la fois vrai et faux, appelons le « paradoxal » (p). S'il est vrai et pas faux, nous l'appellerons « seulement vrai » (t)[11] et de manière analogue pour « seulement faux »(f). Mais cette assomption faite, nous continuerons à raisonner normalement.

III.4. Un énoncé est vrai ssi[12] sa négation est fausse. D'où, la négation d'un énoncé vrai et faux est fausse et vraie, i.e., paradoxale. La négation d'un énoncé seulement vrai est seulement fausse. (Si sa négation était vraie, il devrait être faux). De même, la négation d'un énoncé seulement faux est seulement vraie. Nous pouvons décrire ces résultats dans la table suivante.

$\neg$	
t	f
p	p
f	t

III.5. Un raisonnement semblable donne la table suivante pour la conjonction :

$\wedge$	t	p	f
t	t	p	f
p	p	p	f
f	f	f	f

Je donnerai seulement deux exemples. Si A est t et B est p, alors A et B sont vrais l'un et l'autre. Donc $A \wedge B$ est vrai. Cependant, comme B est faux, $A \wedge B$ est faux. Par conséquent, $A \wedge B$ est paradoxal.

Si A est f et B est p, alors A et B sont faux l'un et l'autre. Donc $A \wedge B$ est faux. Si $A \wedge B$ était aussi vrai, alors A et B seraient vrais, mais A est seulement faux. Par conséquent, $A \wedge B$ est f.

III.6. En raisonnant d'une manière semblable, on peut justifier la table de la disjonction.

11. t comme "true" [NDT].
12. "ssi" signifie "si et seulement si". [NDT].

$\vee$	t	p	f
t	t	t	t
p	t	p	p
f	t	p	f

Autrement, « $A \vee B$ » peut être défini par « $\neg(\neg A \wedge \neg B)$ ».

On peut définir « $A \rightarrow B$ » par « $\neg A \vee B$ » et « $A \leftrightarrow B$ » par « $A \rightarrow B \wedge B \rightarrow A$ ». Ce qui donne les tables suivantes :

$\rightarrow$	t	p	f
t	t	p	f
p	t	p	p
f	t	t	t

$\leftrightarrow$	t	p	f
t	t	p	f
p	p	p	p
f	f	p	t

Dans quelle mesure « $\rightarrow$ » peut être considéré comme une forme d'implication, nous y reviendrons à la Section IV.4.

III.7. [13] En fait, ce sont les matrices de Kleene [14]. Cependant, son interprétation est très différente de la nôtre. Les matrices pour « $\vee$ »,« $\wedge$ », « $\neg$ », sont aussi celles de Lukasiewicz [15]. Cependant, 't' est la seule valeur désignée dans son système. Nous prendrons t et p comme valeurs désignées, puisqu'elles sont toutes les deux les valeurs des énoncés vrais. Formellement, soit L un langage propositionnel dont l'ensemble des variables propositionnelles est P. Soit $v : P \rightarrow \{t, p, f\}$ (i.e., v est une évaluation des variables propositionnelles). Soit v^+ l'extention naturelle de v à tous les énoncés de L utilisant les tables de vérité ci-dessus. Si Σ est un ensemble d'énoncés de L, on définit :

$\Sigma \models A$ ssi il n'existe pas de v tel que $v^+(A) = f$
mais pour tout $B \in \Sigma, v^+(B) = t$ ou p.

13. Priest reviendra sur ce paragraphe : « Dans *LP* §III.7 j'ai défini la validité en termes de préservation de la vérité. Je pense maintenant que c'est faux, juste parce qu'une telle validité ne supporte pas le détachement [...]. » G. PRIEST, « Logic of paradox revisited », *Journal of Philosophical Logic*, (1984), 13, p. 174, note 23 [NDT].

14. S. C. KLEENE, *Metamathematics*, North Holland, Amsterdam, 1952, pp. 332 et suiv.

15. J. LUKASIEWICZ, « On 3-valued Logic », in S. McCall *Polish Logic*, Oxford U.P., 1920.

$\models A$ ssi $\varnothing \models A$ (i.e., pour tout v, $v^+(A) = t$ ou p).

III.8. THÉORÈME : A est une tautologie bivaluée ssi $\models A$.

Preuve. La preuve de droite à gauche est immédiate puisque toute évaluation bivaluée est une évaluation trivaluée.

Pour la converse, si v est une évaluation trivaluée, soit v_1 l'évaluation bivaluée formée en changeant tous les p par des t. En vérifiant les tables de vérité, on peut voir que si $v^+(A) = f$, $v_1^+(A) = f$. D'où le résultat.

Les matrices de LP avec une interprétation semblable à celle que j'ai donnée se trouvent chez Asenjo [16]. Quoiqu'il ne le formule pas explicitement, il semble aussi prendre t et p (ses 0 et 2) comme valeurs désignées. Cependant, il ne prend pas sa sémantique très au sérieux. Car immédiatement après avoir donné la sémantique, il affirme que $\neg(A\wedge\neg A)$ (ce qu'il appelle la loi de contradiction) ne doit pas être un théorème d'un système de logique approprié à la formalisation des théories inconsistantes. Cependant, par ce théorème on peut voir que selon ces sémantiques, $\neg(A\wedge\neg A)$ est logiquement valide.

III.9. Nous avons vu que la propriété d'être une tautologie est préservée dans LP. Cependant, la relation de déductibilité est changée. On peut vérifier :

$A \models A \vee B$ | $A, B \models A \wedge B$

$A \to (B \to C) \models B \to (A \to C)$ | $A \models B \to A$

$\neg A \to \neg B \models B \to A$ | $\neg(A \vee B) \models \neg A$

$\neg\neg A \models A$ | $\neg A \models \neg(A \wedge B)$

$A \wedge B \models A$ | $A, \neg B \models \neg(A \to B)$

$\neg A \models A \to B$ | $A \to (A \to B) \models A \to B$

$A \to B \models \neg B \to \neg A$

$\neg A, \neg B \models \neg(A \vee B)$

$A \models \neg\neg A$

$\neg(A \to B) \models A$

$A \to B \models A \wedge C \to B \wedge C$

$A \to \neg A \models \neg A$

Cependant, il est facile de trouver des évaluations qui montrent que les relations suivantes n'ont pas lieu.

$A \wedge \neg A \models B$ | $A \to B, B \to C \models A \to C$

$A, \neg A \vee B \models B$ | $A, A \to B \models B$

$A \to B \wedge \neg B \models \neg A$ | $A \to B, \neg B \models \neg A$

16. F. G. ASENJO, « A Calculus of Antinomies », *Notre Dame Journal of Formal Logic* (1966), XV, pp. 497-509 ; VII, pp. 103-105.

III.10. THÉORÈME : Si A et B n'ont pas de variables propositionnelles en commun et si B peut prendre la valeur f alors $A \not\models B$.

Preuve. Soit v une évaluation telle que $v^+(B) = f$.

Soit v_1 identique à v sauf que pour toutes les variables propositionnelles q qui figurent dans A, $v_1(q) = p$. On vérifie facilement que $v_1^+(A) = p$ et $v_1^+(B) = f$. D'où le résultat.

III.11. THÉORÈME : Si $A_1 ... A_n \models B$, alors $A_1 ... A_{n-1} \models A_n \rightarrow B$.

Preuve. Triviale.

III.12. Il est facile d'étendre LP en une logique quantifiée LPQ. Soit L un langage du premier ordre. Pour simplifier, nous supposons qu'il n'a ni constantes, ni symboles de fonctions.

Soit **A**=$<DI>$.

D est un domaine d'objets. Si P_n est un prédicat de L à n-places, et $\bar{x}$ un n-uplet membre de D, I applique $<P_n\bar{x}>$ dans $\{t, p, f\}$.

Soit S une évaluation des variables de L (i.e., une application des variables dans D). Nous définissons la « valeur de vérité » d'un énoncé sous S comme suit :

Si A est de la forme $P_n(v_i ... v_j)$, A est t, p, ou f, selon que $I < P_n < Sv_i ... Sv_j >>$ est t, p, ou f.

Si A est de la forme $\neg B$ ou $B \wedge C$, les conditions de vérité de A sont données par les matrices des Sections III 6-7.

Si A est de la forme $(\forall v)B$, alors

A est t ssi pour tout $d \in D$, B est t sous $S(v/d)$
(où $S(v/d)$ est $S - < v\ S(v) > \cup < v\ d >$).

A est f ssi pour quelque $d \in D$, B est f sous $S(v/d)$.
A est p sinon (i.e., pour tout $d \in D$, B est t ou p sous $S(v/d)$, et pour quelque $d \in D$, B est p sous $S(v/d)$).

Cette dernière définition peut être justifiée par une extension évidente des arguments utilisés pour justifier les tables de vérité des Sections III 4-6. Je vais donner un exemple. Si B est t ou p pour tout $S(v/d)$ alors B est vraie pour tout $S(v/d)$. Par conséquent, $(\forall x)B$ est vraie. Si B est p pour quelque $S(v/d)$, alors elle est f pour quelque $S(v/d)$. Ainsi, $(\forall x)B$ est fausse. Par conséquent, A est paradoxale.

Les « conditions de vérité » de $(\exists x)B$ peuvent être données comme suit. (Autrement, « $(\exists x)B$ » peut être défini par « $\neg(\forall x)\neg B$ »).

$(\exists x)B$ est t ssi pour quelque $d \in D$, B est t sous $S(v/d)$

$(\exists x)B$ est f ssi pour tout $d \in D$, B est f sous $S(v/d)$
$(\exists x)B$ est p sinon (i.e., pour tout $d \in D$, B est f ou p sous $S(v/d)$ mais pour quelque $d \in D$, B est p sous $S(v/d)$.

Comme d'habitude on peut prouver que si A est un énoncé clos, alors la valeur de vérité de A est indépendante des S choisis.

Si Σ est un ensemble d'énoncés de L, on définit :

$\Sigma \models A$ ssi il n'y a pas de $\mathbf{A}$ et pas de S tels que A est f sous S et pour tout $B \in \Sigma$, B est t ou p sous S.

$\models A$ ssi $\varnothing \models A$ (i.e., pour tout $\mathbf{A}$ et S, A est t ou p sous S).

III.13. THÉORÈME : A est une vérité logique bivaluée ssi $\models A$.

Preuve. La preuve de droite à gauche est immédiate puisque tout modèle bivalué est un modèle trivalué.

Inversement, si $\mathbf{A}$ et S sont respectivement, un modèle trivalué et une évaluation, soit $\mathbf{A}_\perp$ le modèle bivalué obtenu en changeant tous les p de I en t. On vérifie facilement que si A est f sous S, dans $\mathbf{A}$, A est f sous S dans $\mathbf{A}_\perp$. Le résultat s'ensuit.

III.14. Comme en III.9 la relation de déductibilité est changée dans LPQ. Car bien que nous ayons

$(\forall x)A, (\forall x)B \models (\forall x)(A \wedge B)$
$(\forall x)A \models (\forall x)(A \vee B)$
$(\forall x)A \models A(x/y)$
$(\forall x)(A \to B) \models (\forall x)(\neg B \to \neg A)$
$(\forall x)(A \to B) \models (\exists x)A \to (\exists x)B$

$(\forall x)A \models \neg(\exists x)\neg A$
$(\forall x)(A \to B) \models (\forall x)A \to (\forall x)B$
$(\forall x)A \models (\forall x)(B \to A)$
$(\forall x)A \models (\forall x)(\neg A \to B)$

il est facile de trouver des contre-exemples qui montrent que nous n'avons pas :

$(\forall x)A, (\forall x)(A \to B) \models (\forall x)B$
$(\forall x)(A \to B), (\forall x)\neg B \models (\forall x)\neg A$
$(\forall x)(A \to B), (\forall x)(B \to C) \models (\forall x)(A \to C)$

III.15. THÉORÈME (substituabilité des équivalents) : Si A, A^1 ont des variables parmi $y_1...y_n$ et B^1 est comme B sauf qu'il contient A^1 là où B contient A, alors

$$(\forall y_1...y_n)(A \leftrightarrow A^1) \models B \leftrightarrow B^1.$$

Preuve. La preuve est par induction sur la formation de B.

Si A est B alors le résultat s'ensuit puisque $(\forall y)C \models C$.

Si une fonction de vérité est utilisée dans la construction, alors les règles suivantes sont utilisées pour établir le résultat

$$A \leftrightarrow B \models \neg A \leftrightarrow \neg B$$
$$A \leftrightarrow B \models A \wedge C \leftrightarrow B \wedge C.$$

Si un quantificateur est utilisé dans la construction, alors le résultat s'ensuit à partir des deux règles

Si $A \models B$ et x n'apparaît pas libre dans A
alors $A \models (\forall x)B$.

et

$$(\forall x)(A \leftrightarrow B) \models (\forall x)A \leftrightarrow (\forall x)B.$$

III.16. Il n'est pas difficile de donner un système de règles ou d'axiomes pour LP et LPQ. Cependant je laisserai ces problèmes techniques pour un autre article. LP est aussi dans une relation intéressante à la sémantique pour la conséquence du premier degré [17] présentées par Dunn [18] et les Routley [19]. Là encore, j'examinerai ce problème dans un autre article.

IV CONSÉQUENCES

IV.1. La chose la plus évidente à propos de la logique du paradoxe est qu'elle nous force à abandonner, comme invalides, certains principes de déduction que l'on ne suspecterait pas normalement. Par exemple les règles

$$\frac{A \quad \neg A \vee B}{B} \qquad \frac{A \rightarrow \neg B \qquad B}{\neg A} \qquad \frac{\forall x A \quad \forall x(A \rightarrow B)}{\forall x B}$$

17. First degree entailment [NDT].
18. J. M. DUNN, « Intuitive Semantics for First-Degree Entailments, and "Coupled Trees" », *Philosophical Studies* (1976), 29, pp. 149-168.
19. R. ROUTLEY et V. ROUTLEY, « The Semantics of First Degree Entailment », *Nous*, (1972), VI, pp. 335-359.

préservent la validité mais pas la vérité. Nous pouvons un peu amortir le choc pour nos intuitions en faisant remarquer que bien que ces inférences ne soient généralement pas valides, elles sont valides à condition que toutes les valeurs de vérités concernées soient classiques (i.e., vraies seulement ou fausses seulement). Appelons une règle qui préserve la vérité seulement sous de telles conditions « quasi-valide ». Alors les inférences quasi-valides sont parfaitement O.K., dans la mesure où nous évitons des formules louches comme « Cette phrase est fausse » et « L'ensemble de Russell est membre de lui-même ». Il est clair que toutes les règles d'inférences classiquement valides sont soit valides soit quasi-valides.

IV.2. Cependant, les règles quasi-valides sont généralement invalides. On pourrait donc raisonnablement dire qu'elles ne doivent pas être utilisées. Mais ce serait alors l'échec de notre projet. Car la finalité de l'opération était de construire une logique qui puisse être utilisée (en connexion avec une théorie sémantiquement close) pour capturer le raisonnement mathématique naïf. Cependant, en évitant les règles quasi-valides cela aurait à l'évidence un effet handicapant sur le raisonnement mathématique. Comment peut-on raisonner sans *modus ponens* ? Il y a deux moyens se tirer de ce problème. Je vais les considérer chacun leur tour.

IV.3. Restons d'abord dans le fragment de langage qui ne contient que « $\neg$ », « $\wedge$ », « $\vee$ ». La principale perte est ici le syllogisme disjonctif. Cependant, nous n'avons pas ici le choix. Car la preuve bien connue de C.I. Lewis montre que cela nous conduit directement à $(A \wedge \neg A)/B$ comme suit.

$A \wedge \neg A$	(1) Hypothèse
A	(2) de (1)
$A \vee B$	(3) de (2)
$\neg A$	(4) de (1)
B	(5) de (3), (4) par le syllogisme disjonctif

Donc il faut y renoncer. Cependant, si nos pertes s'arrêtaient là, nous pourrions penser nous en tirer.

IV.4. Les pertes suivantes sont liées à « $\rightarrow$ ».

Comme nous l'avons vu, les règles de *modus ponens*, *modus tollens* et *reductio ad absurdum* doivent être abandonnées. Cependant, en exprimant « $\rightarrow$ » en termes de « $\neg$ » et « $\vee$ » on voit que ce sont en fait des variantes du syllogisme disjonctif. Cela suggère que c'est peut-être notre identification de « $A \rightarrow B$ » avec « $\neg A \vee B$ » qui est la cause du problème.

Or, il y a de nombreux arguments bien connus contre la lecture de l'implication matérielle comme une implication quelle qu'elle soit. Voir Anderson et Belnap [20]. Je ne vais pas les répéter de nouveau. Je dirai juste que notre sémantique peut bien être considérée comme adéquate pour « $\neg$ », « $\vee$ », « $\wedge$ » mais a besoin d'une manière ou d'une autre d'être étendue pour se charger de « $\rightarrow$ ». Au vu de tout le travail accompli dans ce domaine, cela semble tout à fait plausible.

IV.5. Cependant le problème de savoir comment étendre LP n'est pas facile. En particulier, il est bien connu que tout système contenant le connecteur « $\rightarrow$ » de H, S4, R, E ou T[21] est réduit à la trivialité si on y ajoute le schéma de compréhension naïf de la théorie des ensembles[22]. Une caractéristique semblable peut être obtenue pour des théories sémantiquement closes. Pour être précis, dans toute théorie sémantiquement close dans un langage qui contient un connecteur « $\rightarrow$ » satisfaisant les règles

$$\frac{A \qquad A \rightarrow B}{B} \qquad\qquad \frac{A \rightarrow (A \rightarrow B)}{A \rightarrow B} \quad \text{(Absorption)}$$ [23]

tout peut être prouvé. La preuve est comme suit. Considérons l'énoncé « Si cet énoncé est vrai alors A l'est »[24]. Symboliquement soit (1) :

$$(1) \qquad T(1) \rightarrow A$$

où « Tx » est « x est vrai ».

Alors par le schéma de vérité de Tarski, nous avons :

$$T(1) \leftrightarrow (T(1) \rightarrow A).$$

En utilisant l'Absorption de gauche à droite on obtient

$$T(1) \rightarrow A$$

et *modus ponens* de droite à gauche

20. A. R. ANDERSON et N. D. BELNAP, *Entailment*, Princeton U.P., 1975.
21. Voir A. R. ANDERSON et N. D. BELNAP, *Entailment*, Princeton U.P., 1975, Chapitre 1.
22. Voir par ex. R. ROUTLEY « Ultralogic as Universal », *Relevance Logic Newsletter*, (1977), 2 , section 6.
23. Priest appelle "Absorption" la règle qu'on nomme souvent "Contraction". [NDT].
24. Priest examine ici une forme du paradoxe de Curry. [NDT].

$$T(1).$$

D'où encore par *modus ponens* on a

$$A.$$

Ainsi soit *modus ponens* ou absorption doit être abandonné. Il est plausible qu'on puisse se passer d'Absorption, mais tous les systèmes que nous avons mentionnés la contiennent.

IV.6. Les pertes suivantes touchent à la quantification. D'après notre définition de « → »,

$$\frac{\forall x(A \rightarrow B) \qquad (\forall x)A}{(\forall x)B}$$

est invalide. Ainsi, si nous identifions « Tous les A sont B » avec « $(\forall x)(A \rightarrow B)$ », nous devons abandonner ceci.

$$\frac{\text{Tous les } A \text{ sont } B \qquad \text{Tout est } A}{\text{Tout est } B}$$

Si nous trouvons un autre moyen pour obtenir « → » alors cela, bien sûr, pourrait changer. Cependant, il est intéressant d'observer que de quelque manière que nous définissions « Tous les A sont B »(écrivons le de manière neutre $[A, B]_x$) une des règles suivante doit être abandonnée

$$\text{A1}\ \frac{[A, B]_x}{[\neg B, \neg A]_x} \qquad \text{A2}\ \frac{(\forall x)A}{[B, A]_x} \qquad \text{A3}\ \frac{(\forall x)A \quad [A, B]_x}{(\forall x)B}$$

Car si nous les gardons toutes on peut obtenir $(A \wedge \neg A)/B$ de la manière suivante. Soit x une variable ni dans A ni dans B.

1)	$A \wedge \neg A$	Hypothèse
2)	$(\forall x)(x = x)$	Vérité évidente (!)
3)	A	1)
4)	$A \wedge (\forall x)(x = x)$	2) & 3)
5)	$(\forall x)(A \wedge x = x)$	4)
6)	$[\neg B \vee x \neq x, A \wedge x = x]_x$	5) & A2
7)	$\neg A$	1)
8)	$(\forall x)\neg(A \wedge x = x)$	7)
9)	$[\neg(A \wedge x = x), \neg(\neg B \vee x \neq x)]_x$	6) & A1
10)	$(\forall x)\neg(\neg B \vee x \neq x)$	8) & 9) & A3
11)	$(\forall x)(B \wedge x = x)$	10)
12)	$B \wedge (\forall x)(x = x)$	11)
13)	$B.$	12)

Toutes les inférences à l'exception de A1, A2 et A3 sont LPQ valides. Par conséquent une de celles-ci doit être supprimée. Peut-être la plus plausible est A2, en vertu de son lien avec le paradoxe de l'implication $A \rightarrow (B \rightarrow A)$. Mais ce n'est qu'une conjecture. Tout de même, si nous pouvions contenir nos pertes au syllogisme disjonctif, absorption et A2, nous pourrions toujours espérer (avec un peu d'optimisme) y arriver.

IV.7. L'approche précitée au problème (réduire nos pertes) est possible mais requiert évidemment beaucoup plus de travail avant que nous puissions raisonnablement être assurés de sa viabilité.

Il y a une approche bien plus radicale. Cependant, elle est si radicale que l'on est tenté de la rejeter d'emblée. Tout de même considérons la. Supposons que *modus ponens*, *reductio ad absurdum*, etc... soient vraiment seulement quasi-valides. On ne peut pas les abandonner sans paralyser le raisonnement classique. Pourquoi ne pas continuer à les utiliser quand même ?

IV.8. La proposition est que nous nous permettions les inférences quasi-valides même si elle ne sont pas généralement valides. Nous savons que les inférences quasi-valides préservent la vérité pourvu qu'il n'y ait pas d'énoncés paradoxaux concernés (voir Section IV.1). Par conséquent, si nous étions certains que nous n'avions pas affaire à des énoncés paradoxaux, nous pourrions utiliser les règles quasi-valides avec la conscience tranquille.

IV.9. Bien sûr, les énoncés paradoxaux ne portent pas leur marque sur leur front et il semble n'y avoir aucune raison de supposer que la classe des énoncés paradoxaux est décidable (i.e., nous n'avons aucun moyen effectif pour dire, en général, quand un énoncé est paradoxal). Cependant, les énoncés paradoxaux semblent être une proportion assez petite des énoncés avec lesquels nous raisonnons. (J'affirmerais qu'ils ne se présentent que dans des circonstances très spécifiques : quand il y a quelque genre d'autoréférence sémantiquement close, voir Section II.8.) C'est pourquoi, il semble raisonnable de formuler la maxime méthodologique suivante.

MM A moins que nous ayons des raisons particulières pour penser que des énoncés paradoxaux se présentent dans notre argument, nous pouvons nous autoriser à utiliser à la fois les inférences valides et quasi-valides.

Il semblerait plausible d'affirmer que dans nos raisonnements quotidiens nous présupposons (tout à fait correctement) que nous n'avons pas affaire à des affirmations paradoxales. (Cela expliquerait pourquoi les non-logiciens sont normalement si perplexes quand on leur présente des paradoxes logiques. Car il est alors clair qu'une présupposition du raisonnement ordinaire est en train d'être violée). Par conséquent MM a l'effet de légitimiser le statut quo. Cependant, là où l'homme de la rue refuse de continuer à raisonner avec des énoncés paradoxaux, nous savons maintenant qu'il est parfaitement correct de continuer tant que nous nous restreignons aux inférence valides (non quasi-valides). Puisque celles-ci sont très faibles, cela a précisément l'effet de contenir les singularités dangereuses que sont les paradoxes.

IV.10. Peut-être que la réaction immédiate est que si nous nous autorisions des inférences invalides nous ne serions plus sûrs de nos conclusions. C'est correct, mais ce n'est pas si impressionnant que ça en a l'air à première vue. Même si l'on croit dur comme fer que les règles d'inférences sont valides, on ne peut pas être plus certain des conclusions que l'on ne l'est des prémisses. En fait la nouvelle situation n'est guère différente. Si nos prémisses ne sont pas paradoxales, les règles d'inférences quasi-valides préservent la vérité. Par conséquent nous pouvons être aussi sûrs de la vérité de nos conclusions que nous sommes sûrs de la valeur seulement vrai de nos prémisses. Ce sera normalement seulement un petit peu moins que (si ce n'est le même) le niveau auquel nous sommes sûrs de la vérité de nos prémisses.

IV.11. Bien que ce ne soit pas un argument très fort contre notre présent projet, cela en indique une importante conséquence épistémologique. En fait nous nous trouvons devant un nouvel argument pour le faillibilisme en général, et en mathématiques en particulier. Supposons que nous ayons un argument pour une certaine assertion mathématique. Supposons de plus que l'argument emploie quelques inférences quasi-valides (comme la plupart des arguments). Alors pour autant que nous n'avons pas de raisons spécifiques de croire que nous avons quelque énoncé paradoxal dans la preuve, nous pouvons invoquer MM et déclarer que nous avons prouvé l'assertion. Mais qu'est-ce qui constituerait une raison spécifique de croire que nous avons un énoncé paradoxal dans la preuve ? Evidemment, si nous pouvons montrer que si un certain énoncé est vrai, il est faux et vice et versa (comme dans le cas du menteur) alors nous avons un énoncé paradoxal dans nos mains. Si l'énoncé contient des termes sémantiques et comporte de l'auto-référence, de l'auto-applicabilité, etc..., nous n'avons peut-être pas trouvé une démonstration de situation paradoxale, néanmoins nous avons d'excellentes raisons d'être suspicieux. Nous devrions avancer avec précaution. Cependant, il est toujours possible que des termes sémantiques soient entrés clandestinement, implicitement dans un énoncé à notre insu ; ou que le caractère paradoxal provient d'une autre raison dont nous n'avons pas conscience. Nous pouvons alors invoquer la maxime mais découvrir plus tard de quoi nous convaincre qu'il y a des énoncés paradoxaux dans la preuve et qu'ils y figurent de façon à invalider une règle d'inférence quasi-valide. Nous aurons alors à rejeter la preuve que nous acceptions auparavant. Bien que cela puisse paraître peu réaliste, il n'y a en fait rien d'essentiellement nouveau dans cette situation pour ceux qui sont un peu familiers de l'histoire des mathématiques.

IV.12. Ainsi, cette approche n'est peut-être pas aussi invraisemblable qu'elle le semblait à première vue. En fait, parmi les alternatives considérées, il semble qu'elle est plutôt la plus plausible. Cela nous permet d'avoir le beurre et l'argent du beurre, pour ainsi dire. Tandis que la première alternative souffre de la forte suspicion qu'il n'y aura peut-être pas assez de beurre.

IV.13. Finalement dans cette Section j'aimerais reconsidérer la question de l'incomplétude. Dans la Section II.6 nous avons vu que sous réserve que nous utilisions une théorie sémantiquement close nous pouvons éviter qu'il y ait des énoncés indépendants de la théorie, dont nous pouvons établir la vérité. Cependant, cela laisse ouverte la question de savoir si, pour toute arithmétique axiomatique il y a des énoncés indépendants.

Nous avons vu dans la Section II.6 que le théorème de Gödel ne peut pas être appliqué aux théories sémantiquement closes pour montrer qu'il y a des énoncés indépendants, puisque le théorème de Gödel ne s'applique qu'aux théories consistantes. Il y a cependant un autre théorème dû à Tarski qui, s'il est correct, montrerait qu'il doit y avoir de tels énoncés. Le théorème de Tarski affirme que l'ensemble des énoncés vrais de l'arithmétique n'est pas arithmétique. Si cela est vrai, alors l'ensemble des assertions vraies de l'arithmétique n'est certainement pas axiomatique. Cependant la preuve du théorème de Tarski échoue s'il y a des énoncés paradoxaux. La preuve standard du théorème de Tarski est la suivante :

Supposons que l'ensemble des énoncés vrais soit arithmétique, i.e., qu'il y ait un énoncé arithmétique à une variable libre Tx telle que toute instance de $Tk \leftrightarrow A$ soit vraie, où k est le nombre-code de A. Alors par l'argument diagonal usuel nous pouvons trouver une formule $\neg Tj$ dont le nombre-code est j. En substituant celle-là à « A » on obtient

(1) $Tj \leftrightarrow \neg Tj$

Cela ne peut pas être vrai. Par conséquent la supposition est incorrecte.

Cette preuve ignore la possiblité d'énoncés paradoxaux. Si Tj est t ou f alors (1) est effectivement fausse. Mais si Tj est paradoxale (ce qu'elle est évidemment, puisqu'elle est la version arithmétique de « Cette phrase est fausse ») alors (1) est vrai ! Par conséquent la preuve est invalide.

Ainsi les théorèmes standards montrant qu'aucune arithmétique axiomatisée peut être complète échoue. Il n'y a aucune raison de croire que l'ensemble des énoncés vrais de l'arithmétique n'est pas axiomatique. Je conjecture qu'il l'est.

V Postface autoréférentielle finale.

V.1. Il est toujours difficile d'admettre que quelque chose que vous avez écrit est faux. Mais c'est la position dans laquelle je dois admettre que je suis. Car ce que j'ai dit n'est pas sans portée sur ce que j'ai dit. En particulier, si ce que j'ai dit est vrai, alors certaines des choses que j'ai dites sont fausses (également). En particulier, j'ai fais certaines affirmations à propos des conditions de vérité d'énoncés et c'est précisément le genre d'auto-référence sémantique qui conduit au paradoxe.

V.2. Pour voir cela, considérons les conditions de vérité de ⌜*A* est vrai⌝. Le biconditionnel de Tarski nous donne que

A est vrai ssi *A*.

Par conséquent si *A* est vrai, ⌜*A* est vrai⌝ est vraie. Si *A* est faux, ⌜*A* est vrai⌝ est faux. Il suit que *A* est seulement vrai (vrai et pas faux) ssi ⌜*A* est vrai⌝ est seulement vrai. *A* est seulement faux ssi ⌜*A* est vrai⌝ est seulement faux. Résumons l'information comme ci-dessous.

A	*A* est vrai
t	*t*
p	*p*
f	*f*

Des considérations symétriques nous donnent la table suivante pour ⌜*A* est faux⌝.

A	*A* est faux
t	*f*
p	*p*
f	*t*

Maintenant considérez l'affirmation métalinguistique

(1) Quelques énoncés sont vrais et faux.

(i.e. « $\exists s(s$ est vrai et s est faux$)$ » où le quantificateur porte sur tous les énoncés vrais ou faux – ce qui inclu bien sûr les paradoxaux.)

Alors en utilisant les tables ci-dessus et les conditions de vérité pour les quantificateurs données dans la Section III.12, on peut voir que (1) est vraie, en fait paradoxale. Ainsi sa négation

Aucun énoncé n'est vrai et faux

est vraie aussi. Aussi bien mon affirmation qu'il y a des énoncés paradoxaux que l'affirmation d'Aristote (rapportée dans la Section I.3) selon laquelle il n'y en a pas, sont vraies !

Peut-être encore plus surprenant, les deux affirmations

Tous les énoncés sont soit vrais soit faux
Quelques énoncés ne sont ni vrais ni faux

sont vraies ! On s'attendrait à ce que la première soit vraie mais pas la seconde puisqu'aucune clause n'a été faite pour les énoncés sans valeur de vérité. Cela devrait servir d'avertissement que l'on ne peut pas tirer des faits métalinguistiques à propos de LP à partir de ses matrices, d'une façon cavalière.

V.3. Bien sûr, le point est qu'une fois que nous avons renoncé à exiger que la théorie objet soit consistante, il n'y a pas de raison d'exiger que la métathéorie soit consistante. Effectivement cela s'impose à nous si nous voulons donner un exposé cohérent de ce qui est paradoxal. Toute inconsistance $A \wedge \neg A$ de la théorie-objet est simplement transformée par le schéma-T en une contradiction métathéorique $\ulcorner A$ est vraie et A n'est pas vraie$\urcorner$.

Peut-être l'une des inconsitances du métalangage les plus intéressantes est fournie par l'énoncé suivant :

(2) Cet énoncé n'est pas seulement vrai.

Si (2) est seulement vrai, alors il est certainement vrai et par conséquent pas seulement vrai. Ainsi (2) n'est pas seulement vrai. Mais si (2) n'est pas seulement vrai il est faux. Par conséquent il est seulement vrai. Donc (2) est seulement vrai. Nous voyons que (2) est seulement vrai et pas seulement vrai.

Ce raisonnement est tout à fait correct et souligne la différence entre cette approche et l'approche superficiellement semblable prise par van Fraassen [25] et d'autres consistant à appeler les énoncés paradoxaux ni vrais ni faux. On pourrait penser que notre *p* peut être assimilé à *ni vrai ni faux*. Mais ce serait une erreur. En appelant les énoncés paradoxaux ni vrais ni faux on peut échapper au paradoxe du menteur. Cependant cela n'évite pas le paradoxe du menteur renforcé. (Car tel est (2).) Puisque le but de cette sorte d'approche est d'*éviter* les paradoxes, quelque chose de nouveau (et habituellement d'*ad hoc*) doit être fait pour l'éviter. En revanche le but de cet article n'a pas été d'éviter les paradoxes mais de voir comment ils peuvent être acceptés sans avoir d'accident. Une fois que nous avons accepté (comme j'ai montré que nous le devons) certains paradoxes comme des faits de la vie, alors les propriétés paradoxales de (2) apparaissent juste comme un autre fait.

V.4. Cette dernière Section illustre le fait que le sujet des assertions paradoxales est un sujet plein de surprises. Cependant *que* cela soit le cas n'est pas particulièrement surprenant. Après tout, comme nous en avons discuté dans la Section IV.9, nous présumons tous normalement que nous ne raisonnons pas au sujet d'une situation paradoxale : quand nous sommes face à une contradiction nous la prenons comme un signe que quelque chose s'est mal passé et nous refusons d'aller plus loin. (Et laissez moi ajouter encore une fois, avant d'être accusé d'accepter la première contradiction venue, que la plupart des contradictions sont un signe que quelque chose s'est mal passé : que nous avons une prémisse non vraie.) C'est précisément quand nous allons plus loin que notre monde familier disparaît et que nous nous trouvons dans un étrange nouveau décor. Le nouveau terrain a clairement besoin d'être exploré. Où cela nous mènera n'est pas encore clair. Toutefois une conséquence pour l'histoire des mathématiques apparaît déjà. La découverte par Russell d'un ensemble qui à la fois est et n'est pas élément de lui-même, est la plus grande découverte mathématique depuis $\sqrt{2}$.

Université d'Australie-Occidentale.

Traduit de l'anglais par Clément Vidal.
Merci à François Rivenc pour ses nombreuses corrections et améliorations.

25. B. VAN FRAASSEN, « Presupposition Implication and Self Reference », *Journal of philosophy*, (1968), 65, pp. 136-152.

Edmund HUSSERL, *Cinq articles sur le renouveau*, traduits et présentés par Laurent Joumier, Paris, Vrin, 2005, 158 p.

En 1922 et 1923, à l'invitation de la revue japonaise *The Kaizo*, Husserl a rédigé une série d'articles portant sur l'idée de « renouveau », ce thème lui étant suggéré par le titre même de la revue. Trois articles seulement furent effectivement publiés en 1923-1924, les deux autres demeurant inachevés et inédits. Pendant cette période, Husserl a également rédigé un certain nombre de manuscrits de recherche portant sur des thèmes afférents.

Cet ensemble de textes fut publié en 1989 par Thomas Nenon et Hans Reiner Sepp dans le *Husserliana XXVII. Aufsätze und Vortrage (1922-1937)*. L'ouvrage intitulé *Cinq articles sur le renouveau* en livre une traduction rigoureuse et claire, due à Laurent Joumier. Celui-ci a également rédigé une intéressante présentation de ces textes, qui attire particulièrement l'attention du lecteur sur ses enjeux proprement éthiques.

Husserl réagit ici à cette véritable faillite de la raison qu'aura représentée la première Guerre Mondiale. Si la phénoménologie a son mot à dire en ces circonstances, c'est qu'au-delà de la violence destructrice des combats et des douleurs de l'après-guerre, Husserl voit en celle-ci un *phénomène* culturel significatif. Plus précisément, l'époque est celle d'un moment de crise qui a au moins eu le mérite de révéler « la non-vérité, l'absurdité intimes » de la culture européenne (p. 23). Formulant un tel propos, Husserl n'entend cependant pas céder au constat fataliste d'un « déclin de l'Occident » : il appelle bien plutôt au « renouveau » de la culture qui permettra d'éviter tel péril. Husserl ne prône cependant pas la reprise conservatrice de la tradition rationaliste, mais plutôt la restauration de son élan premier, *via* la restitution de l'idée téléologique qui l'anime en son fond. À ses yeux, seule une radicale transformation sociale, politique et éthique de la culture européenne serait à même de résoudre la crise qui l'affecte. Le « renouveau » auquel Husserl exhorte est avant tout une tâche qui reste à accomplir, à laquelle la raison philosophique doit pourvoir en retrouvant sa vocation première, qui est celle de la science rigoureuse. C'est ainsi d'abord à un défaut de science qu'il s'agit de remédier – tel est en somme le diagnostic de Husserl : « Une science de l'homme et de la communauté humaine, qui fonderait une rationalité dans l'activité sociale, politique et une technique politique rationnelle, cela manque totalement. » (p. 26). Le renouveau de la culture passe donc nécessairement par celui de la science. Cette perspective se trouve développée dans deux directions différentes et étroitement complémentaires.

Husserl défend tout d'abord la pertinence d'une contribution phénoménologique en matière d'éthique. Husserl envisage ainsi une « *mathesis* de l'esprit et de l'humanité » (p. 26), c'est-à-dire une éthique « scientifique » dont la phénoménologie exposerait les principes fondamentaux. À cet égard, on peut considérer que ces *Cinq articles sur le renouveau* dressent le bilan des différents *Cours sur l'éthique et la théorie des valeurs* (cf. *Husserliana XXVIII* pour la période 1908-1914 et *Husserliana XXXVII* pour la période 1920-1924). Dans ces cours, Husserl reprenait en effet certaines vues de Brentano et concevait le projet d'une éthique formelle qui serait à l'éthique ce que la logique formelle est à la logique. Les articles pour la revue *Kaizo* exposent à nouveau ce programme d'une éthique eidétique et apriorique, qui dirait les « formes d'essence et les lois d'essence » de la vie individuelle et sociale (p. 31). Mais ils le resituent dans un projet normatif et pratique de plus grande envergure, car le sujet éthique est ici, à la fois, l'homme en tant qu'« être personnel et libre » (p. 43) et un sujet communautaire, membre de l'humanité européenne et de communautés sociales définies. Il ne s'agit plus, dès lors, de se limiter à « fonder » l'éthique, mais aussi de réfléchir aux conditions historiques et culturelles de la prise de conscience qui permettra de donner à la vie individuelle et sociale une forme éthique authentique. À ce titre, Husserl accorde une attention particulière à ces « formes pré-éthiques de la réglementation de soi » (p. 47) que sont les métiers et il pense en définitive l'aspiration éthique de l'homme sur le modèle de la « vie de vocation ». Husserl donne ainsi une certaine consistance à la dimension matérielle de l'éthique.

Ce faisant, Husserl ne considère pas pour autant que la science éthique dont il esquisse les contours suffise pour remédier à la crise qui affecte l'humanité européenne. Au-delà d'elle, c'est en effet l'idée même de science qu'il s'agit de restaurer, car celle-ci implique en elle par principe une téléologie éthique. L'idéal scientifique est en définitive celui d'une conscience de soi et d'une compréhension de soi achevées, et vaut à ce titre comme idéal pratique. Aux yeux de Husserl, c'est en retrouvant cet idéal de scientificité que l'humanité européenne pourra surmonter la crise qu'elle traverse. Toute la question est alors de savoir sous quelles conditions cet idéal scientifique et éthique pourra trouver sa réalisation, dans un contexte empirique déterminé. Dans cette intention, les deux derniers articles pour la revue *Kaizo* explorent deux pistes complémentaires. Le quatrième article défend tout d'abord l'idée que la communauté scientifique – plus particulièrement la communauté philosophique – représente un modèle de vie communautaire unifié par la reconnaissance partage d'une volonté commune : elle constitue une préfiguration concrète du renouveau de l'ensemble de la culture. Le dernier article suggère, quant à lui, que la téléologie qui anime intimement la culture européenne est à redécouvrir plus qu'à inventer. Husserl voit ainsi dans la naissance de la philosophie grecque, dans le développement de la philosophie médiévale et enfin dans l'apparition de la science moderne les manifestations historiques d'une téléologie rationnelle rendue concrète par l'émergence d'une même volonté communautaire. À cet égard, la lecture des *Cinq articles sur le renouveau* permet de comprendre comment Husserl en est venu à concevoir la phénoménologie comme un projet pratique. Ces articles se situent ainsi dans le droit fil de l'article de 1911 *La philosophie comme science rigoureuse*, mais ils préparent aussi d'une manière décisive les belles méditations de *La crise des sciences européennes et la phénoménologie transcendantale*.

Laurent Perreau

Directrice de la publication : Irène Lindon. Achevé d'imprimer le 1er/06/2007 dans les ateliers de Normandie Roto Impression s.a.s., 61250 Lonrai. (France) Dépôt légal : juin 2007. N° d'éd. : 4387. Commission paritaire n° 0709K85178.
ISBN : 978-2-7073-2001-8